CHINESE

刘德联 张园 编著

新概念汉语

初级本 II

北京大学出版社
北京

图书在版编目（CIP）数据

新概念汉语.初级本Ⅱ／刘德联、张园编著.—北京：北京大学出版社，2003.10
ISBN 7-301-06532-9

Ⅰ.新… Ⅱ.①刘…②张… Ⅲ.汉语－对外汉语教学－教材 Ⅳ.HI95.4

中国版本图书馆 CIP 数据核字（2003）第 080870 号

书　　　　名：	新概念汉语(初级本Ⅱ)
著作责任者：	刘德联　张园　编著
正文插图：	郎丽　王丁力
责任编辑：	吕幼筠
标准书号：	ISBN 7-301-06532-9／H·0893
出　版　者：	北京大学出版社
地　　　址：	北京市海淀区中关村北京大学校内　100871
网　　　址：	http://cbs.pku.edu.cn
电　　　话：	邮购部 62752015　发行部 62750672　编辑部 62752028
电子信箱：	gl@pup.pku.edu.cn
版式设计：	黄金支点
印　刷　者：	北京大学印刷厂
发　行　者：	北京大学出版社
经　销　者：	新华书店
	787毫米×1092毫米　16开本　12.25 印张　200千字
	2003年10月第1版　2004年5月第2次印刷
定　　　价：	36.00元

目 录
Contents

前言
Preface ··· 1

第三十一课　我只喜欢看漂亮的时装
Lesson Thirty-one　I just like to look at beautiful fashionable clothing. ·········· 1

第三十二课　要是摔下来怎么办？
Lesson Thirty-two　What if I fall off? ·· 6

第三十三课　怎么只照了半个脑袋？
Lesson Thirty-three　How come there is only half a head? ····························· 12

第三十四课　你是一边踢球一边预习的吗？
Lesson Thirty-four　Did you play football and prepare the text at the
　　　　　　　　　 same time? ··· 18

第三十五课　我总是坐错车
Lesson Thirty-five　I always take wrong bus. ·· 24

第三十六课　请假条
Lesson Thirty-six　Written request for leave ·· 29

第三十七课　哪儿有漂亮姑娘学猴拳的？
Lesson Thirty-seven　How could a beautiful girl learn Monkey Boxing? ········· 35

第三十八课　宿舍楼里不准养狗
Lesson Thirty-eight　It's not allowed keeping dogs in the dormitory. ··············· 41

第三十九课　我从来不听广播
Lesson Thirty-nine　I never listen to the radio. ………… 46

第四十课　你想它愿意住在笼子里吗?
Lesson Forty　Do you think it is willing to live in a cage? ………… 51

第四十一课　这事,得老婆说了算
Lesson Forty-one　For this, it's my wife's opinion that counts. ………… 57

第四十二课　悠着点儿!
Lesson Forty-two　Take it easy! ………… 62

第四十三课　想当我表哥吗?
Lesson Forty-three　Want to be my cousin? ………… 68

第四十四课　你不要命啦?
Lesson Forty-four　Do you want to kill yourself? ………… 73

第四十五课　我比您差远了!
Lesson Forty-five　I fall far short of you! ………… 79

第四十六课　还是方便面
Lesson Forty-six　It's still instant noodles. ………… 86

第四十七课　我又怕冷又怕热
Lesson Forty-seven　I hate both cold and hot. ………… 93

第四十八课　最好在家睡觉
Lesson Forty-eight　We'd better sleep at home. ………… 99

第四十九课　他们只送了我一包纸巾
Lesson Forty-nine　They just gave me a pack of tissues. ……………… 105

第五十课　有一个半个烂的是难免的
Lesson Fifty　It's hard to avoid having some rotten ones. ……………… 110

第五十一课　我可没有你那福气
Lesson Fifty-one　I'm not as lucky as you. ……………………………… 116

第五十二课　赶紧把屋子收拾一下儿
Lesson Fifty-two　Clean up the room immediately. …………………… 123

第五十三课　这下儿你一定会记住了
Lesson Fifty-three　This time you will definitely remember them. …… 130

第五十四课　要让中国人听不出我是外国人
Lesson Fifty-four　Mustn't let Chinese People tell that I'm a foreigner. ………… 136

第五十五课　我这一个月瘦了五公斤
Lesson Fifty-five　I lost 5 kilograms in this Month. ……………………… 143

"听录音，写句子"文本
Dictation Texts ……………………………………………………………… 150

"翻译练习"参考答案
Answers to Translation Exercise ………………………………………… 155

生词总表
Vocabulary ………………………………………………………………… 160

语法点分布图表
Distribution Diagram of the Grammar Points ………………………………………… 173

前　言

要学好汉语，选择一部好教材是至关重要的。

什么是好教材？内容要生动有趣，语法要深入浅出，语句要简洁实用，这些无疑都是学习者的愿望，也是对教材编写者的要求。我们在编写这部教材的时候，充分考虑到以上几点。

我们本着创新、实用、通俗、风趣的原则，编写了这部《新概念汉语》初级本，该教材具有以下鲜明的特色：

其一，以图助读。在文字产生之前，人们是通过图画进行交流的。图画可以说是一种世界性的语言。本教材考虑到初次接触汉字的学习者的识字困难，在课文和练习中配有大量的图画。当初学者被密密麻麻、形态各异的方块字搞得有些望而生畏的时候，适当的图解既可以帮助学习者了解所学词语的意义，也会增加他们学习的兴趣。

其二，寓功能、结构于情景之中。语言学习的初级阶段，是积攒语料、为今后系统学习语言知识打下良好基础的阶段。抽象的语言知识的学习，会使学习者感到索然无味。初学者在学习一种新语言的时候，往往有学以致用的愿望。他们学一句，就希望在生活中用上，从而得到某种成功的快乐享受。本教材选用贴近学习者生活的自然语言，以学习者可能接触的生活情景和交际话题来编写课文，让学习者所学语句，像他们随身携带的钥匙，在需要使用的情景下，随时可以拿出来使用。

其三，语法点的自然融入。在汉语学习的初级阶段，从理论上系统学习汉语语法知识显然是不现实的。本教材包含国家对外汉语教学领导小组办公室汉语水平考试部编写的《语法等级大纲》中的一百二十九项甲级语法点，并全部以句子的形式出现在课文中，但是并不从语法概念上进行讲解，只是辅之以相关练习，让学习者每学习一句，就了解一种语法现象，为学习者今后的语法学习打一个基础。

其四，注重语言的趣味性。以往，人们将语言学习看做是枯燥的事情，"非下苦功不可"。其实不尽然。我们的生活中充满快乐，人们在生活中的交际语言也充满风趣、幽默。为什么我们不把这样活生生的语言吸收到我们的课文中来呢？过去教材的编写者多感觉初级教材的语言难以编"活"。本教材在这方面进行了有益的尝试。相信本教材的选用者会在学习中愉悦心情，排除枯燥的烦恼，在会心的微笑中轻轻松松地学会一门语言。

其五，使用的广泛性。本教材融听说读写于一体，采取循序渐进的原则，既有语法点的系统分布，又有生动活泼的日常会话，可以用于综合性的汉语课，也可以单独用做口语课教材。同时，本教材极适合用做短期汉语教材、海外汉语学习教材以及自学教材。

《新概念汉语》初级本分Ⅰ、Ⅱ两册，共五十五课。课文全部有英文翻译。生词翻译只选择课文语境中出现的词义，避免混淆。每课课文后面，选取生活中常用的或有显著语法特征的句型做专门练习。课后通过各种听说读写练习及语言游戏巩固所学语句及知识。

本教材没有专门的语音知识讲座，但是系统的语音知识的练习贯穿教材的始终。学习者通过语音练习，会逐步掌握汉语语音的要点。

本教材在编写过程中，得到北京大学出版社的郭力老师、沈浦娜老师的热情指导，美国朋友Nava Geula审校了本书的英文翻译，在此一并表示感谢。

编者

2002年6月于北京大学

Preface

If you want to study Chinese well, choosing a good textbook is very important.

What is a good textbook? Interesting content, clear grammar and useful sentences are not only the students' wish, but also the writers' goal. This is what we have considered when writing this textbook.

The principles for New Concept Chinese (elementary) are: creative, practical, popular and interesting. This book has the following evident characteristics:

First, there are many pictures in this book to facilitate understanding. Before the use of characters, people communicated using pictures. Pictures are a worldwide language. Considering the difficulties of learning Chinese characters, we have included many pictures to supplement texts and exercises. When beginners are overwhelmed by the close and numerous different "squares", pictures can help them understand the words' meaning and increase their learning interest.

Second, grammar and usage are presented in a situational context. The first stage of language study is to accumulate a basic language foundation. Abstract knowledge might reduce the students' interest because they want to use what they learn. They will be more satisfied by using a word or phrase as soon as they learn it. In this book we have tried to choose natural, commonly used language, real life situations and useful communication topics that are relevant to the student's life. What they learn from this book will be useful to them in everyday activities.

Third, grammar points are naturally incorporated into the text. In this book there are 129 grammar points under level A in Outline of Grammar Levels, written by the HSK Department of the State Office Leading Group for Teaching Chinese as a Foreign Language. The grammar points are introduced as natural sentences in the texts, rather than as grammatical formulae, and thus are not explained as grammatical formula to be memorized but as sentence models to be exercised and simulated. From every sentence students will learn new grammar, but through building language intuition rather than through memorizing formulaic rules. This builds a solid foundation for future language study by more closely simulating the intuitive manner in which one relates to one's own mother tongue.

Fourth, we have tried to make the language of the textbook interesting. Language study is often viewed as a boring and painful process, but in reality it could be much different. Our lives are full of interesting situations; we communicate using lively, interesting, and humorous language. Why can't we use such vivid languages in the texts? Many text writers think it is difficult to make primary level language study lively and interesting, but we believe we have a good take on this. We hope that students who choose this book can learn Chinese in a good mood and learn the language enjoyably.

Fifth, this book can be used as any kind of studying material. Because it merges speaking and listening into one organic whole, this book can be used to learn both oral and written Chinese. It has both systematic grammar points and lively and daily used conversations, presented step by step and gradually increasing in difficulty, making it a good textbook for short-term study, study abroad and self-study.

New Concept Chinese (elementary) has two volumes, with a total of 55 lessons. All texts are presented with an English translation. We carefully considered the vocabulary definitions and choose to introduce only the contextually appropriate meanings in order to avoid confusion. After every text, there are pattern drills for important or commonly used grammar. Exercises include listening, speaking, reading, writing and games to help students USE what they learned from the text.

There is no special pronunciation section in this book, but all pronunciation points are incorporated systematically into the exercises. Students will master these important pronunciation points by doing the exercises. New Concept Chinese (elementary) is a result of many people's cooperation. We wish to thank Mrs. Guo Li and Mrs. Shen Puna from Peking University Press for their warm support and instruction. We also wish to thank American friend Nava Geula who proofread the translated version.

The Authors
June , 2002
Peking University

第三十一课 我只喜欢看漂亮的时装
Dì-sānshíyī kè Wǒ zhǐ xǐhuan kàn piàoliang de shízhuāng

课文 Text

安娜： 马路边围着那么多人，他们在干什么？
Ānnà: Mǎlù biān wéizhe nàme duō rén, tāmen zài gàn shénme?

马安迪： 刚才那边发生了抢劫，警察来调查。你想去看看吗？
Mǎ Āndí: Gāngcái nàbiān fāshēngle qiǎngjié, jǐngchá lái diàochá. Nǐ xiǎng qù kànkan ma?

安娜： 我不喜欢看热闹儿。
Ānnà: Wǒ bù xǐhuan kàn rènaor.

马安迪： 那你喜欢看什么？
Mǎ Āndí: Nà nǐ xǐhuan kàn shénme?

安娜： 我只喜欢看漂亮的时装。
Ānnà: Wǒ zhǐ xǐhuan kàn piàoliang de shízhuāng.

Lesson Thirty-one   I just like to look at beautiful fashionable clothing.

Anna: There are so many people around on the road side. What are they doing?

Ma Andi: Just now there was a robbery over there and the police are here to investigate. Do you want to go and see?

Anna: I don't like to look at this kind of scene.

Ma Andi: Well, what do you like to look at?

Anna : I just like to look at beautiful fashionable clothing.

生词 New Words

1.	时装	shízhuāng	名 (n.)	fashionable clothing
2.	马路	mǎlù	名 (n.)	road
3.	边	biān	名 (n.)	side
4.	围	wéi	动 (v.)	to surround
5.	干什么	gàn shénme		to do what

6.	那边	nàbiān	代 (pron.)	over there
7.	发生	fāshēng	动 (v.)	to happen
8.	抢劫	qiǎngjié	动 (v.)	to rob; a robbery
9.	调查	diàochá	动 (v.)	to investigate
10.	看热闹儿	kàn rènaor		to watch a bustling scene

句型 Pattern Drills

 31.1 ……围着……

Dìqiú wéizhe tàiyáng zhuàn.
地球 围着 太阳 转。

Xuésheng wéizhe lǎoshī liànxí huìhuà.
学生 围着 老师 练习 会话。

Jìzhě wéizhe gēshǒu tíwèn.
记者 围着 歌手 提问。

Háizimen wéizhe māma tīng gùshi.
孩子们 围着 妈妈 听 故事。

 31.2 刚才……

tíng diàn le
停电了

zhuàng chē le
撞车了

zháo huǒ le
着火了

sǐ jī le
死机了

31.3 你想……吗?

chángchang
尝尝

shìshi
试试

tīngting
听听

guàngguang
逛逛

生词 New Words

1.	地球	dìqiú	名 (n.)	the Earth
2.	转	zhuǎn	动 (v.)	to turn; to go around
3.	会话	huìhuà	动、名 (v./n.)	conversation
4.	记者	jìzhě	名 (n.)	reporter; journalist
5.	歌手	gēshǒu	名 (n.)	singer
6.	提问	tíwèn	动 (v.)	to ask question
7.	们	men	尾 (suffix.)	plural suffix
8.	故事	gùshi	名 (n.)	story
9.	停电	tíng diàn		to cut off the power supply
10.	撞车	zhuàng chē		car collision
11.	着火	zháo huǒ		to catch fire
12.	死机	sǐ jī		(computer) crashed
13.	试	shì	动 (v.)	to try

练习 Exercises

◇ 听读听写 *Repetition and Dictation*

◇1. 用慢速和中速跟读课文录音 (Follow the text tape and repeat at a slow and medium pace)。

◇2. 听录音，写句子 (Write down the sentences you hear).

◇ **词汇语法** *Vocabulary and Grammar*

◇1. 完成下面的句子 (Complete the following sentences):
  （1）马路上 _____。
  （2）房间里 _____。
  （3）那边 _____。
  （4）刚才他们学校 _____。
  （5）昨天学校里 _____。

◇2. 用重叠动词完成句子 (Fill in the blanks with double verbs):
  （1）今天没事，我想去 _____ 商店。
  （2）要是有时间，我想 _____ 法语。
  （3）我想去上海 _____ 工作。
  （4）我也不明白，你去 _____ 老师吧。
  （5）今天我想 _____ 衣服，_____ 房间。
  （6）这是我做的中国菜，你 _____。

◇ **活学活用** *Learn and Use*

◇1. 回答问题 (Answer the questions):
  （1）要是现在着火了，你怎么办？
  （2）要是你的房间停电了，你怎么办？

◇2. 叙述一件你看到过的事 （时间、地点、人物、经过、原因、结果）(Tell about something you have seen (time, place, people, process, cause, result)).

翻译练习 Translation

翻译下面的句子 (Translate the following sentences into Chinese):

1. There was a robbery just now and the police are here to investigate.
2. I don't like to look at such a noisy scene.
3. I just like to look at beautiful fashionable clothing.

汉字书写 Write the Characters

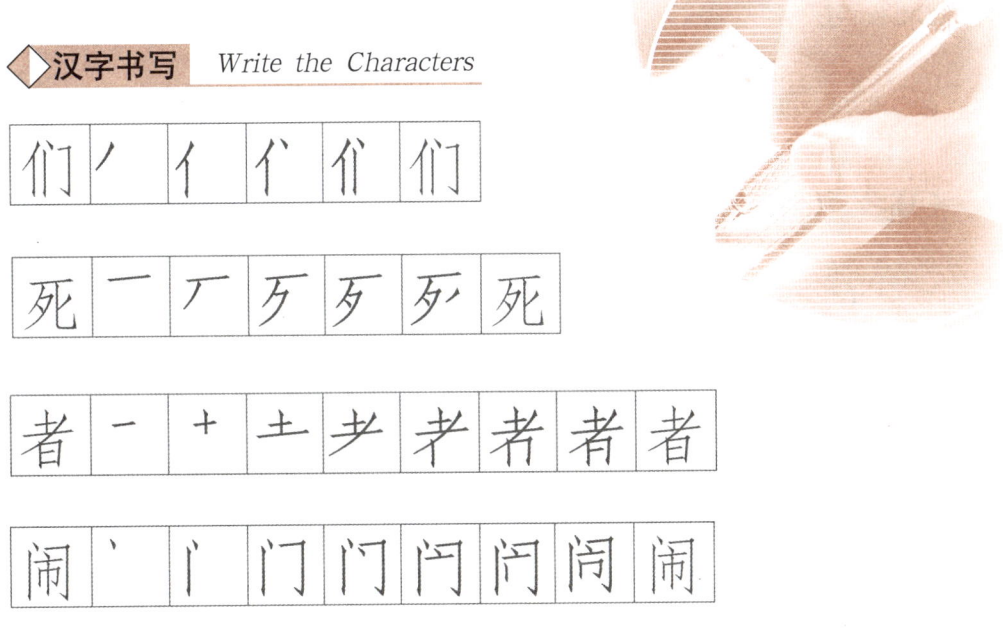

语音练习 Pronunciation

◇ 读下面的句子，注意三声连读的变调 (Read the following sentences and pay attention to the changes of the third tone):

1. Xiǎo Mǎ qǐng Lǎo Lǐ mǎi liǎng bǎ yǔsǎn.
   小马请老李买两把雨伞。 (Xiao Ma asked Lao Li to buy two umbrellas.)

2. Qǐng nǐ gěi wǒ fǔdǎo kǒuyǔ.
   请你给我辅导口语。 (Please teach me oral language.)

第三十二课 要是摔下来怎么办?
Dì-sānshí'èr kè Yàoshi shuāi xialai zěnmebàn?

课文 Text

玛丽: 大后天是周末,你有空儿吗?
Mǎlì: Dàhòutiān shì zhōumò, nǐ yǒu kòngr ma?

罗西: 到目前为止没有安排。
Luóxī: Dào mùqián wéizhǐ méiyǒu ānpái.

玛丽: 咱们去爬香山,怎么样?
Mǎlì: Zánmen qù pá Xiāng Shān, zěnmeyàng?

罗西: 我去过两次了。哎,司马台长城你去过吗?
Luóxī: Wǒ qùguo liǎng cì le. Āi, Sīmǎtái Chángchéng nǐ qùguo ma?

玛丽: 还没有。
Mǎlì: Hái méiyǒu.

罗西: 咱们去司马台吧,听说那儿比较危险,很刺激。
Luóxī: Zánmen qù Sīmǎtái ba, tīngshuō nàr bǐjiào wēixiǎn, hěn cìjī.

玛丽: 要是摔下来怎么办?
Mǎlì: Yàoshi shuāi xialai zěnmebàn?

Lesson Thirty-two   What if I fall off?

Mali: It will be the weekend in three days, are you free?
Luoxi: I don't have any plans yet (until now).
Mali: Let's go to climb Fragrant Hill, OK?
Luoxi: I've been there twice. Have you been to the Great Wall at Simatai?
Mali: Not yet.
Luoxi: Let's go to Simatai. I hear it's quite dangerous there, very exciting.
Mali: What if I fall off?

生词 *New Words*

1.	摔	shuāi	动 (v.)	to fall
2.	下来	xiàlái		down
3.	大后天	dàhòutiān	名 (n.)	the day after the day after tomorrow
4.	到……为止	dào……wéizhǐ		until
5.	目前	mùqián	名 (n.)	now; at present
6.	安排	ānpái	动、名（v./n.）	to arrange; arrangement
7.	咱们	zánmen	名 (n.)	we; us
8.	香山	Xiāng Shān		Fragrant Hill
9.	过	guo	助	past action particle
10.	次	cì	量（m.）	time
11.	哎	āi	叹（int.）	hey
12.	司马台长城	Sīmǎtái Chángchéng		the Great Wall at Simatai
13.	那儿	nàr	代（pron.）	there
14.	危险	wēixiǎn	形（adj.）	dangerous
15.	刺激	cìjī	形（adj.）	exciting; stimulating

句型 *Pattern Drills*

 32.1 我去过……次了。

shíjǐ	hěn duō	wǔ-liù	hǎojǐ
十几	很多	五六	好几

 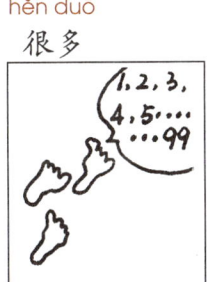 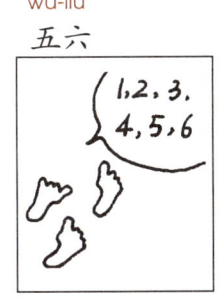 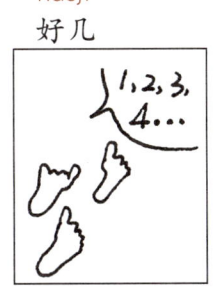

32.2 ……你去过吗？

Huáng Shān
黄山

Lú Shān
庐山

Éméi Shān
峨眉山

Tài Shān
泰山

Dòngwùyuán　Gùgōng　Shànghǎi　Rìběn
动物园　／　故宫　／　上海　／　日本

32.3 要是……怎么办？

diū le
丢了

wàng le
忘了

yùjiàn jǐngchá
遇见警察

bìng le
病了

生词 New Words

1.	好几	hǎojǐ		quite a few
2.	黄山	Huáng Shān		the Yellow Mountains
3.	庐山	Lú Shān		the Lu Mountains
4.	峨眉山	Éméi Shān		the E'mei Mountains
5.	泰山	Tài Shān		the Tai Mountains
6.	丢	diū	动 (v.)	to lose
7.	忘	wàng	动 (v.)	to forget
8.	遇见	yùjiàn		to run into; meet
9.	病	bìng	名、动 (n./v.)	illness; to fall ill

练习 Exercises

听读听写 Repetition and Dictation

◇1. 用慢速和中速跟读课文录音（Follow the text tape and repeat at a slow and medium pace）。

◇2. 听录音，写句子（Write down the sentences you hear）。

词汇语法 Vocabulary and Grammar

◇1. 填空完成句子（Fill in the blanks to complete the sentences）：
(1) 甲：北京烤鸭你（　　）过吗？
　　乙：还没（　　）过。
(2) 甲：你（　　）过日本吗？
　　乙：（　　）过两次。
(3) 甲：你（　　）过这本书吗？
　　乙：去年在一班时（　　）过。

◇2. 选择填空（Choose the following words and fill in the blanks）：
　　　了　着　过
(1) 泰山我还没去（　　）。
(2) 我买（　　）两张电影票，跟我一起去吧。
(3) 天气越来越冷（　　）。
(4) 没下雨，你拿（　　）雨伞干什么？
(5) 快考试（　　），你怎么还不复习？

◆ 活学活用　Learn and Use

◇ 回答问题（Answer the questions）：
1. 你知道中国哪些有名的山？你去过吗？
2. 说说你对长城的印象（yìnxiàng; impression）。
3. 这个周末你有什么安排？

◆ 课堂游戏　Game

生词接力（Word relay）

一个学生说一个生词，如：努力；第二个学生用最后一个字接另一个生词，如：力气；第三个同学用"气"开头再接一个生词。依此类推。也可以用写的方式，传条写词。（注：可以用同音字代替）

One student says a word, e.g. nǔlì; the second student uses the last character of the word to make a new word, e.g. lìqì; the third student makes a new word beginning with qì, and so on. The words can also be written down on a paper. (Words with the same pronunciation can be substituted for one another)

翻译练习　Translation

翻译下面的句子（Translate the following sentences into Chinese）：
1. It will be Sunday in three days, are you free?
2. Let's go to Fragrant Hill, I hear it's quite beautiful there.
3. What if I cannot finish my homework?

◆ 汉字书写　*Write the Characters*

| 危 | ⼁ | ⼃ | ⼂ | 产 | 乃 | 危 |

| 哎 | ⼁ | ⼐ | 口 | 口⼁ | 叶 | 吁 | 哎 | 哎 |

| 刺 | 一 | 厂 | 戸 | 市 | 朿 | 朿 | 刺 | 刺 |

| 险 | 了 | 阝 | 阝' | 队 | 队 | 险 | 险 | 险 | 险 |

◆ 语音练习　*Pronunciation*

◇ 读下面的句子，注意划线词的不同读音及不同意义 (Read the following sentences and pay attention to the different tones and meanings of the underlined words):

    Zánmen zǒu dìdào ba.
1. 咱们 走 <u>地道</u> 吧。 (Let's take the tunnel.)

    Zhè shì dìdao de Lóngjǐngchá.
2. 这是 <u>地道</u> 的 龙井茶。 (This is authentic Longjing Tea.)

第三十三课 怎么只照了半个脑袋?
Dì-sānshísān kè Zěnme zhǐ zhào le bàn ge nǎodai?

课文 Text

Mǎ Āndí: Yìqǐ zhào zhāng xiàng, kěyǐ ma?
马安迪：一起照张相，可以吗？

Ānnà: Hǎo wa! (Duì guòlùrén) Láo jià, bāng wǒmen zhào yì zhāng xiàng, hǎo ma?
安娜：好哇！（对过路人）劳驾，帮我们照一张相，好吗？

Guòlùrén: Méi wèntí. Zhǔnbèi hǎo le ma?
过路人：没问题。准备好了吗？

Mǎ Āndí: Kěyǐ zhào le.
马安迪：可以照了。

Guòlùrén: Zhào quánshēn ma?
过路人：照全身吗？

Mǎ Āndí: Zhào bànshēn.
马安迪：照半身。

Guòlùrén: Xiào yi xiào —— zhàohǎo le.
过路人：笑一笑——照好了。

Mǎ Āndí: Xièxie nǐ.
马安迪：谢谢你。

Ānnà: (Kàn xiàngjī) Zěnme zhǐ zhàole bàn ge nǎodai?
安娜：（看相机）怎么只照了半个脑袋？

Lesson Thirty-three   How come there is only half a head?

Ma Andi: (to Bu Lai'er) Let's take a picture, all right?

Anna: All right. (to a passerby) Excuse me, could you help us take a picture?

Passerby: No problem. Are you ready?

Ma Andi: OK. (You can shoot.)

Passerby: Whole body (in the shot)?

Ma Andi: Half body.

Passerby: Smile! It's done.

Ma Andi: Thank you.

Anna: (looking at the picture) How come there is only half a head?

生词 New Words

1.	照	zhào	动 (v.)	to take (a picture)
2.	脑袋	nǎodai	名 (n.)	head
3.	一起	yìqǐ	副 (adv.)	together
4.	照相	zhào xiàng		to take a picture
5.	对	duì	介 (prep.)	to
6.	劳驾	láo jià		excuse me
7.	没问题	méi wèntí		no problem
8.	全身	quánshēn	名 (n.)	whole body
9.	半身	bànshēn	名 (n.)	half body
10.	笑	xiào	动 (v.)	to smile
11.	相机	xiàngjī	名 (n.)	camera

句型 Pattern Drills

 33.1 一起……，可以吗？

chī wǎnfàn	qù jiāoyóu	sànsan bù	tiào ge wǔ
吃 晚饭	去 郊游	散散步	跳个舞

33.2 劳驾，帮我……，好吗？

xiě yì fēng tuījiànxìn	mǎi zhāng huǒchēpiào	ná yíxià xíngli	xiūxiu diànnǎo
写一封 推荐信	买张 火车票	拿一下行李	修修电脑

33.3 ……好了

(Lùyīnjī) xiūhǎo le.
（录音机）修好了。

(Zuòwén) gǎihǎo le.
（作文）改好了。

 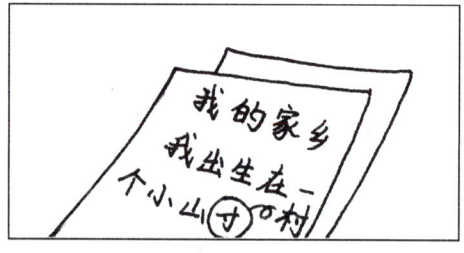

(Chēdài) bǔhǎo le.
（车带）补好了。

(Bāozi) zhēnghǎo le.
（包子）蒸好了。

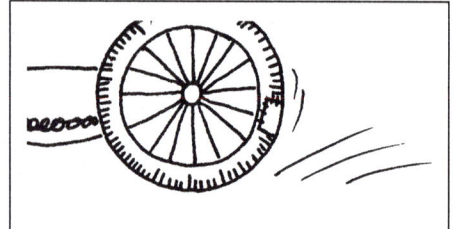 

生词 New Words

1. 晚饭　wǎnfàn　名 (n.)　supper; dinner
2. 郊游　jiāoyóu　动 (v.)　to go on an outing; excursion
3. 散步　sàn bù　　　　　to take a walk
4. 封　　fēng　　量 (m.)　for letters, written messages, telegrams, etc.
5. 推荐　tuījiàn　动 (v.)　to recommend

6.	火车	huǒchē	名 (n.)	a train
7.	行李	xíngli	名 (n.)	luggage
8.	修	xiū	动 (v.)	to fix; to repair
9.	电脑	diànnǎo	名 (n.)	computer
10.	录音机	lùyīnjī	名 (n.)	tape recorder
11.	作文	zuòwén	名 (n.)	composition
12.	改	gǎi	动 (v.)	to correct
13.	车带	chēdài	名 (n.)	tire (bicycle, car, etc.)
14.	补	bǔ	动 (v.)	to mend; to patch
15.	蒸	zhēng	动 (v.)	to steam

练习 Exercises

听读听写 Repetition and Dictation

◇1. 用慢速和中速跟读课文录音 (Follow the text tape and repeat at a slow and medium pace)。

◇2. 听录音，写句子 (Write down the sentences you hear)。

词汇语法 Vocabulary and Grammar

◇1. 填动词完成句子(Fill in the verbs to complete the sentences):
（1）回家的飞机票（   ）好了。
（2）馒头（   ）好了，请尝尝吧。
（3）自行车（   ）好了，可以骑了。
（4）饭还没（   ）好，请等一下。
（5）你的行李（   ）好了吗?
（6）快（   ）好我们的房间，我的女朋友晚上来。

◇2. 用下面的句型会话 (Make a dialogue using the following patterns):
（1）一起 _____，可以吗？
（2）劳驾，帮我们 _____，好吗？

◇ 活学活用　Learn and Use

◇ 带来几张照片，回答下面的问题 (Bring some pictures and answer the questions):
1. 你喜欢这些照片吗？为什么？
2. 照片上的人是谁？
3. 照片是谁照的？在哪儿照的？

翻 译 练 习　Translation

翻译下面的句子 (Translate the following sentences into Chinese):
1. Excuse me, could you help us take a picture?
2. How come there is only half a body?
3. To take a full-body picture doesn't look good.

◇ 汉字书写　Write the Characters

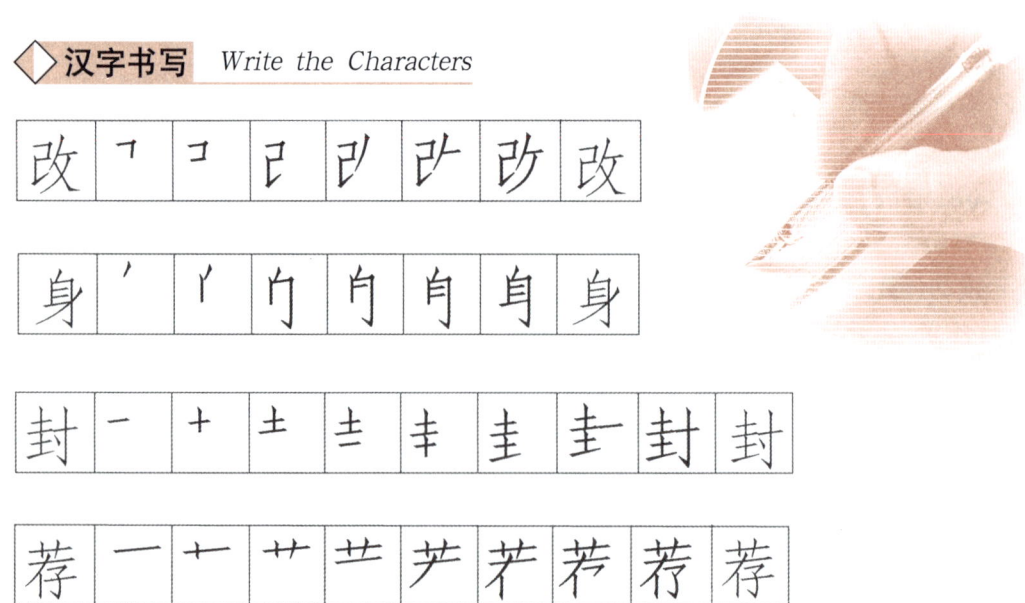

◆ 语音练习　*Pronunciation*

◇ 读下面的句子，注意划线词的不同读音及不同意义 (Read the following sentences and pay attention to the different tones and meanings of the underlined words):

1. Zhè ge cūnzi yǒu wǔ hù rénjiā.
   这 个 村子 有 五 户 人家。
   (There are 5 households in this village.)

2. Rénjia dōu qù lǚxíng le, nǐ zěnme bú qù?
   人家 都 去 旅行 了，你 怎么 不 去？
   (Other people have all gone to travel. Why don't you go?)

第三十四课 你是一边踢球一边预习的吗?
Dì-sānshísì kè Nǐ shì yìbiān tī qiú yìbiān yùxí de ma?

课文 Text

妈妈: 小明,别玩儿了!该吃饭了。
Māma: Xiǎo Míng, bié wánr le! Gāi chī fàn le.

小明: 妈妈,让我再玩儿一会儿吧。
Xiǎo Míng: Māma, ràng wǒ zài wánr yíhuìr ba.

妈妈: 不行!你的古诗还没背呢。
Māma: Bù xíng! Nǐ de gǔshī hái méi bèi ne.

小明: 早就会背了!
Xiǎo Míng: Zǎojiù huì bèi le!

妈妈: 语文课的课文预习了吗?
Māma: Yǔwén kè de kèwén yùxí le ma?

小明: 预习完了。
Xiǎo Míng: Yùxí wán le.

妈妈: 你是一边踢球一边预习的吗?
Māma: Nǐ shì yìbiān tī qiú yìbiān yùxí de ma?

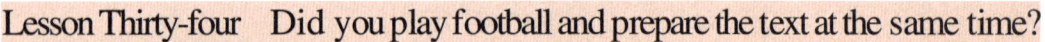

Lesson Thirty-four   Did you play football and prepare the text at the same time?

Mother: Xiao Ming, stop playing. It's time to eat.
Xiao Ming: Mom, please let me play a moment (more).
Mother: No! You haven't memorized the ancient poems yet.
Xiao Ming: I could memorize them a long time ago.
Mother: Have you prepared your Chinese text?
Xiao Ming: Yes, I have.
Mother: Did you play football and prepare the text at the same time?

生词 New Words

1.	一边……一边……	yìbiān......yìbiān......		while, at the same time
2.	球	qiú	名 (n.)	ball
3.	预习	yùxí	动 (v.)	to preview; to prepare
4.	该	gāi	助动 (aux.)	should
5.	一会儿	yíhuìr	名 (n.)	a moment
6.	古诗	gǔshī	名 (n.)	ancient poem
7.	早就……了	zǎojiù......le		a long time ago
8.	语文	yǔwén	名 (n.)	Chinese
9.	课文	kèwén	名 (n.)	text
10.	完	wán	动 (v.)	to finish

句型 Pattern Drills

 34.1 别……了！

hǎn　　　niàn　　　sòng　　　dǎtīng
喊　　　　念　　　　送　　　　打听

chàng　hē　shuì　chī　chǎo
唱 ／ 喝 ／ 睡 ／ 吃 ／ 吵

19

34.2 该……了

chī yào	shì biǎo	dǎ zhēn	shū yè
吃药	试表	打针	输液

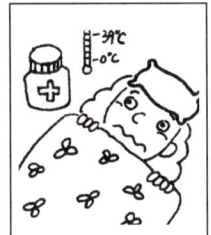 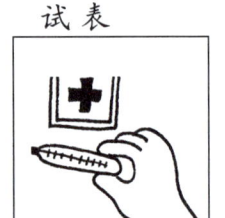 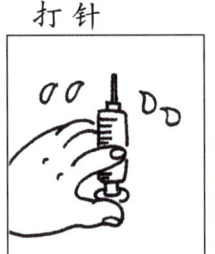

shàng kè	shuì jiào	qǐ chuáng	zǒu
上课 /	睡觉 /	起床 /	走

34.3 还没……呢

yánjiū	tǎolùn	lùqǔ	bàodào
研究	讨论	录取	报到

34.4 早就……了

rènshi	tōngzhī	jié hūn	bì yè
认识	通知	结婚	毕业

 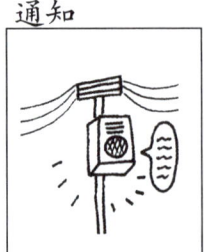  

生词 New Words

1. 喊　　hǎn　　动 (v.)　　to shout; to cry
2. 念　　niàn　　动 (v.)　　to read
3. 送　　sòng　　动 (v.)　　to send; to give
4. 打听　　dǎting　　动 (v.)　　to inquire about
5. 药　　yào　　名 (n.)　　medicine
6. 试表　　shì biǎo　　　　to take one's temperature
7. 打针　　dǎ zhēn　　　　to inject
8. 输液　　shū yè　　　　to have or get an IV
9. 研究　　yánjiū　　动 (v.)　　to study; to research
10. 讨论　　tǎolùn　　动 (v.)　　to discuss
11. 录取　　lùqǔ　　动 (v.)　　to admit (into a school, a job etc.)
12. 报到　　bàodào　　动 (v.)　　to check in; to register
13. 认识　　rènshi　　动 (v.)　　to know; to recognize
14. 通知　　tōngzhī　　动 (v.)　　to give a notice
15. 结婚　　jié hūn　　　　to get married
16. 毕业　　bì yè　　　　to finish school, to graduate

听读听写　Repetition and Dictation

◇1. 用慢速和中速跟读课文录音 (Follow the text tape and repeat at a slow and medium pace)。

◇2. 听录音，写句子 (Write down the sentences you hear)。

词汇语法　　Vocabulary and Drammar

◇1. 完成下面的句子 (Complete the following sentences):
　　（1）姐姐一边吃饭一边 _____。
　　（2）他一边弹钢琴一边 _____。
　　（3）我的作业还没 _____ 呢。
　　（4）长城我还没 _____ 呢。
　　（5）八点了，该 _____ 了。
　　（6）外面下雨了，别 _____ 了。
　　（7）甲：你还在睡觉吗?
　　　　 乙：早就 _____ 了。

◇2. 搭配下面的双音节动词和宾语 (Match the double syllable verbs with the objects):

双音节动词(double syllables)	宾语（object）
帮助　参加　锻炼　复习	大家　行李　比赛　单词　身体　房间
辅导　害怕　收拾　告诉	功课　讲演　同学　考试　口语　数学

活学活用　Learn and Use

◇你怎么回答你的朋友 (How would you answer your friend)?
1. 别吃那么多，你该减肥了!
2. 这本书看了一个星期，还没看完呢，太慢了!
3. 冰箱里的东西早就吃完了，你怎么不去买?
4. 你早就该请我们吃饭了，今天中午怎么样?

翻译练习 Translation

翻译下面的句子 (Translate the following sentences into Chinese):
1. It's time to jog.
2. I haven't read the *People's Daily* yet.
3. Did you watch TV and do your homework at the same time?

汉字书写 Write the Characters

语音练习 Pronunciation

◇ 读下面的句子，注意划线词的不同读音及不同意义 (Read the following sentences and pay attention to the different tones and meanings of the underlined words):

1. Zhè ge rén yǒu jīngshénbìng.
   这 个 人 有 精神病。 (This person is mentally sick.)

2. Zhè ge xiǎohuǒzi tǐng jīngshen de.
   这 个 小伙子 挺 精神 的。 (This young guy is full of life.)

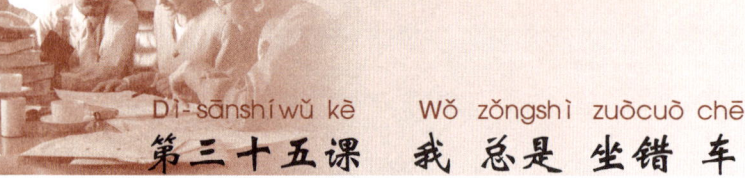

Dì-sānshíwǔ kè Wǒ zǒngshì zuòcuò chē
第三十五课 我总是坐错车

课文 *Text*

Lín Yīláng: Láojià, wǒ mǎi yì zhāng piào.
林一郎：劳驾，我买一张票。

Shòupiàoyuán: Nǎr shàng de?
售票员：哪儿上的？

Lín Yīláng: Yǒuyì Bīnguǎn shàng de.
林一郎：友谊宾馆上的。

Shòupiàoyuán: Nín qù nǎr?
售票员：您去哪儿？

Lín Yīláng: Wǒ qù Bǎihuò Dàlóu.
林一郎：我去百货大楼。

Shòupiàoyuán: Nín zuòfǎn le. Xià chē guò mǎlù zuò duìmiàn de chē.
售票员：您坐反了。下车过马路坐对面的车。

Lín Yīláng: Ài, Wǒ zǒngshì zuòcuò chē.
林一郎：唉，我总是坐错车。

Lesson Thirty-five   I always take wrong bus.

Lin Yilang: Excuse me, one ticket, please!
Conductress: Where did you get on?
Lin Yilang: The Friendship Hotel.
Conductress: Where are you going to?
Lin Yilang: The Department Store.
Conductress: You are going the wrong direction. Get off and take the bus across the street.
Lin Yilang: Oh! I always take the wrong bus.

生词 *New Words*

1. 总是   zǒngshì   副（adv.） always
2. 错   cuò   形（adj.） wrong
3. 售票员 shòupiàoyuán 名（n.）   the person who sells tickets on the bus

4.	上	shàng	动（v.）	to get on (bus, train, etc.)
5.	友谊宾馆	Yǒuyì Bīnguǎn		Friendship Hotel
6.	百货大楼	Bǎihuò Dàlóu		the Department Store
7.	反	fǎn	形（adj.）	reverse; contrary
8.	过	guò	动（v.）	to cross; to go through
9.	对面	duìmiàn	名（n.）	opposite; across

句型 *Pattern Drills*

35.1 ……上的

Qīnghuá Dàxué
清华　大学
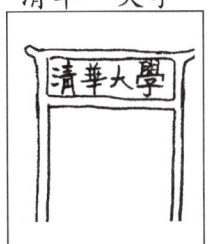

Běihǎi Gōngyuán
北海　公园

Qiánmén Dàjiē
前门　大街

Běijīng Yóulèyuán
北京　游乐园
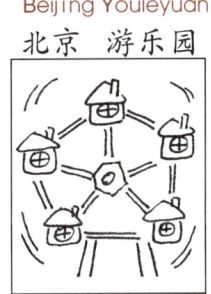

35.2 我去……。

Yíhéyuán
颐和园

Shǒudū Jīchǎng
首都　机场

Bādálǐng Chángchéng
八达岭　长城
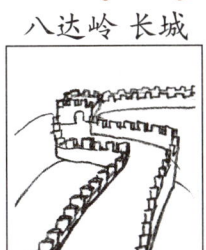

Rénmín Yīyuàn
人民　医院

35.3 我总是……。

zhǎocuò qián	kàncuò míngzi	xiěcuò zì	dǎcuò diànhuà
找错 钱	看错 名字	写错 字	打错 电话

生词 New Words

1. 清华大学　　Qīnghuá Dàxué　　　　　　Qinghua University
2. 北海公园　　Běihǎi Gōngyuán　　　　　Beihai Park
3. 前门大街　　Qiánmén Dàjiē　　　　　　Qianmen Street
4. 北京游乐园　Běijīng Yóulèyuán　　　　Beijing Amusement Park
5. 首都机场　　Shǒudū Jīchǎng　　　　　the Capital Airport
6. 八达岭长城　Bādálǐng Chángchéng　　　Badaling Great Wall
7. 人民医院　　Rénmín Yīyuàn　　　　　　People's Hospital
8. 找（钱）　　zhǎo(qián)　　　动（v.）　to give change
9. 字　　　　　zì　　　　　　　名（n.）　Chinese character

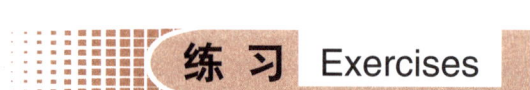

◆听读听写　Repetition and Dictation

◇1. 用慢速和中速跟读课文录音　(Follow the text tape and repeat at a slow and medium pace)。

◇2. 听录音，写句子 (Write down the sentences you hear)。

词汇语法 *Vocabulary and Grammar*

◇1. 按照例句改写句子 (Rewrite the sentences according to the example):

例句：我写字写错了。→ 我写错字了。
(1) 我拿词典拿错了。
(2) 售货员找钱找错了。
(3) 他打电话打错了。
(4) 你买课本买错了。

◇2. 选择填空 (Choose the following words and fill in the blanks):

反　错　完　好

(1) 自行车修（　　）了，你可以骑了。
(2) 对不起，我写（　　）你的名字了。
(3) 应该是"考试"，不是"试考"，你写（　　）了。
(4) 数学作业写（　　）了，语文还没写。

活学活用 *Learn and Use*

◇1. 解决问题 (Problem solving):
(1) 你坐公共汽车去学校，售票员告诉你坐反了。
(2) 你和朋友在地铁站等车，等车的人很多。车来了，你上去了，朋友没上去。
(3) 你上了公共汽车，可是忘了带零钱 (língqián; exact change)。

◇2. 做乘车表演(Perform: Taking Bus)。

 *Translation*

翻译下面的句子 (Translate the following sentences into Chinese):

1. You are in the wrong direction. Get off and take the bus across the street.

2. I want to buy one ticket to the Friendship Store.
3. I always forget to take my keys.

汉字书写 Write the Characters

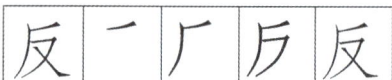

反	一	厂	厉	反

字	丶	丷	宀	宁	宁	字

医	一	厂	下	丆	歹	医

首	丶	丷	丷	丷	广	首	首	首	首

语音练习 Pronunciation

◇ 读下面的谜语歌，并猜猜是什么 (Read the riddle and guess what it is):

Yuǎn kàn shān yǒu sè,
远 看 山 有 色， (Looking from far away, the mountain still has color.)

jìn tīng shuǐ wú shēng.
近 听 水 无 声。 (Listening from nearby, the water has no sound.)

Chūnqù huā hái zài,
春 去 花 还 在， (Spring is gone, but the flowers are still in bloom.)

rén lái niǎo bù jīng.
人 来 鸟 不 惊。 (Though people come, the birds are not disturbed.)

第三十六课　请假条
Dì-sānshíliù kè Qǐng jià tiáo

课文 *Text*

金老师：

　　我今天早晨起床后感到头晕、嗓子疼，可能感冒了，上午去医院看病，不能上课，请假一次。

您的学生　伍松

4月23日

Lesson Thirty-six Written request for leave

Dear Teacher Jin,

　　After I got up this morning, I felt dizzy and had a sore throat. Maybe I have caught a cold. I'm going to the hospital to see the doctor in the morning, so I can't come to class. I would like to ask for leave.

Your student
Wu Song
April 23

生词 New Words

1.	请假条	qǐng jiǎ tiáo		a note for asking for leave
2.	早晨	zǎochen	名 (n.)	early morning
3.	后	hòu	名 (n.)	after
4.	感到	gǎndào	动 (v.)	to feel
5.	头	tóu	名 (n.)	head
6.	晕	yūn	动 (v.)	to feel dizzy
7.	嗓子	sǎngzi	名 (n.)	throat
8.	疼	téng	动 (v.)	to feel pain
9.	可能	kěnéng	助动 (aux.)	maybe; perhaps
10.	感冒	gǎnmào	动 (v.)	to have a cold
11.	看病	kàn bìng		to go to see the doctor

句型 Pattern Drills

36.1 感到……

nánshòu	xìngfú	yíhàn	yúkuài
难受	幸福	遗憾	愉快

gāoxìng	jǐnzhāng	róngyì	bù shūfu
高兴 /	紧张 /	容易 /	不舒服

36.2 可能……了

fā shāo	gǔ zhé	shòu piàn	huí guó
发烧	骨折	受骗	回国

36.3 请假……

sān tiān	yì zhōu	liǎng cì	bàn tiān
三天	一周	两次	半天

生词 New Words

1.	难受	nánshòu	形（adj.）	uncomfortable (sick)
2.	幸福	xìngfú	形（adj.）	happy
3.	遗憾	yíhàn	形（adj.）	pity; sorry
4.	愉快	yúkuài	形（adj.）	pleasant; jolly; cheerful
5.	发烧	fā shāo		to have a fever
6.	骨折	gǔ zhé		to have fracture
7.	受骗	shòu piàn		to get cheated
8.	回国	huí guó		to return to one's country
9.	天	tiān	名（n.）	day
10.	周	zhōu	名（n.）	week

练习 Exercises

◇ 听读听写　Repetition and Dictation

◇1. 用慢速和中速跟读课文录音 (Follow the text tape and repeat at a slow and medium pace)。

◇2. 听录音，写句子 (Write down the sentences you hear)。

◇ 词汇语法　Vocabulary and Grammar

◇1. 填空 (Fill in the blanks):

（1）他今天很不愉快，可能 _____ 了。

（2）我起床后感到 _____，不能去上课了。

（3）你为什么那么紧张，是不是 _____ 了？

（4）要是我 _____，我就是最幸福的人了。

◇2. 将下列AB栏有关系的两组词连接起来，并组成一句完整的话 (Draw lines to match words from column A to words in column B, then make a complete sentence using both words):

（注意：答案可能不止一个。Attention: there may be more than one correct answer.）

A	B
考试	不舒服
爱情	愉快
生日	紧张
发烧	幸福
做中国菜	遗憾
换班	容易

活学活用　*Learn and Use*

◇ 回答问题 (Answer the questions)：
1. 你上课请过假吗？为什么请假？
2. 你最近有什么不舒服的感觉 (gǎnjué; feeling)？
3. 你什么时候感到幸福？为什么？
4. 说一件让你感到遗憾的事。

课堂游戏　*Game*

猜词 (Guess words)

一个学生根据下面列出的词语做动作，让大家猜他表示的是哪一个词语。

One student act out one of the following words, other students guess what the word is.

| 幸福 | 遗憾 | 可怜 | 简单 | 紧张 | 糊涂 | 健康 | 苗条 |
| 难受 | 高兴 | 危险 | 难看 | 舒服 | 好吃 | 幽默 | 漂亮 |

翻译练习　*Translation*

翻译下面的词组 (Translate the following phrases into Chinese)：
(1) to watch a bustling scene　(2) to cut off the power supply
(3) (computer) crashed　(4) to take one's temperature
(5) to have a fever　(6) to get cheated
(7) to ask for leave　(8) to choose lessons
(9) to take a taxi　(10) to give a speech
(11) to have a traffic jam　(12) to cross the road
(13) to inject　(14) to be able to count on what someone says

◇ 汉字书写　　Write the Characters

| 头 | ﹀ | 丶 | 二 | 头 | 头 | | | |

| 折 | 一 | 丁 | 扌 | 扩 | 扩 | 折 | 折 | |

| 受 | 一 | 丶 | 爫 | 爫 | 爫 | 爫 | 受 | 受 |

| 病 | 丶 | 一 | 广 | 广 | 疒 | 疒 | 疒 | 病 | 病 |

◇ 语音练习　　Pronunciation

◇ 读下面的句子，注意儿化词与非儿化词的读音区别及不同词性 (Read the following sentences and pay attention to the difference between the words with "er" and the words without "er"):

    Háizi huàle yì fú huàr.
1. 孩子 画了 一 幅 画儿。(The child drew a picture.)

    Bàba zài qiáng shang dìngle ge dīngr.
2. 爸爸 在 墙 上 钉了 个 钉儿。(Father drove a nail into the wall.)

第三十七课 哪儿有漂亮姑娘学猴拳的?
Dì-sānshíqī kè Nǎr yǒu piàoliang gūniang xué hóuquán de?

课文 Text

Ānnà: Tīngshuō nǐ de hóuquán dǎ de bú cuò.
安娜: 听说你的猴拳打得不错。

Lǐ Xiǎolóng: Mǎmǎhūhū ba.
李小龙: 马马虎虎吧。

Ānnà: Néngbunéng gěi wǒmen biǎoyǎn yí xià?
安娜: 能不能给我们表演一下?

Lǐ Xiǎolóng: Jīntiān bù xíng, gǎitiān ba.
李小龙: 今天不行,改天吧。

Ānnà: Wǒ juéde dǎ hóuquán tǐng yǒuyìsi de.
安娜: 我觉得打猴拳挺有意思的。

Nǐ néng jiāojiao wǒ ma?
你能教教我吗?

Lǐ Xiǎolóng: Nǐ zuìhǎo xué tàijíquán.
李小龙: 你最好学太极拳。

Ānnà: Wèi shénme?
安娜: 为什么?

Lǐ Xiǎolóng: Nǎr yǒu piàoliang gūniang xué hóuquán de?
李小龙: 哪儿有漂亮姑娘学猴拳的?

Lesson Thirty-seven   How could a beautiful girl learn Monkey Boxing?

Anna: I hear that you are good at Monkey Boxing.
Li Xiaolong: Just so-so.
Anna: Can you perform some for us?
Li Xiaolong: Not today. Another day.
Anna: I think it would be interesting to do Monkey Boxing. Can you teach me?
Li Xiaolong: You'd better learn Taiji.
Anna: Why?
Li Xiaolong: How could a beautiful girl learn Monkey Boxing?

生词 New Words

1.	哪儿有……的	nǎryǒu……de		how can...; how is it possible that...
2.	姑娘	gūniang	名 (n.)	girl
3.	猴	hóu	名 (n.)	monkey
4.	拳	quán	名 (n.)	boxing
5.	得	de	助	structural particle
6.	不错	búcuò		not bad
7.	马马虎虎	mǎmǎhūhū		so-so
8.	给	gěi	介 (prep.)	for
9.	表演	biǎoyǎn	动 (v.)	to perform; to show
10.	改天	gǎitiān		to change a day; another day
11.	觉得	juéde	动 (v.)	to feel
12.	有意思	yǒuyìsi		interesting
13.	最好	zuìhǎo	副 (adv.)	it is best; had better

句型 Pattern Drills

 37.1 ……得不错

(Nǐ de Hànzì) xiě de búcuò.
（你的汉字）写得不错。

(Tā de jítā) tán de búcuò.
（她的吉他）弹得不错。

(Tā de huàr) huà de búcuò.
（他的画儿）画得不错。

(Nín de gē) chàng de búcuò.
（您的歌）唱得不错。

37.2 你最好……。

zuò chūzūchē qù
坐出租车去

qù nánfāng lǚxíng
去南方 旅行

huàn ge fǔdǎo lǎoshī
换 个辅导老师

shénme dōu bié zuò
什么 都 别 做

37.3 哪儿有……的？

Nǎr yǒu xiǎoháizi xué chōu yān de?
哪儿 有 小孩子 学 抽 烟 的？

Nǎr yǒu xuéxiào jiāo mà rén de?
哪儿 有 学校 教 骂 人 的？

Nǎr yǒu yīyuàn bú kàn bìng de?
哪儿 有 医院 不 看 病 的？

Nǎr yǒu fùmǔ bú ài háizi de?
哪儿 有 父母 不 爱 孩子 的？

生词 New Words

1.	汉字	Hànzì	名 (n.)	Chinese character
2.	吉他	jítā	名 (n.)	guitar
3.	画儿	huàr	名 (n.)	picture
4.	歌	gē	名 (n.)	song

5.	出租车	chūzūchē	名 (n.)	taxi
6.	南方	nánfāng	名 (n.)	the south
7.	换	huàn	动 (v.)	to change; switch
8.	抽烟	chōu yān		to smoke
9.	骂人	mà rén		to curse; to call somebody names
10.	父母	fùmǔ	名 (n.)	parents

练习 Exercises

听读听写 Repetition and Dictation

◇1. 用慢速和中速跟读课文录音 (Follow the text tape and repeat at a slow and medium pace)。

◇2. 听录音，写句子 (Write down the sentences you hear)。

词汇语法 Vocabulary and Grammar

◇1. 模仿例句改正下面的错句 (Correct the sentences in at least two forms):
例句：他打保龄球得不错。→ 他打保龄球打得不错。
　　　　　　　　　　　他(的)保龄球打得不错。
（1）她跳舞得很好。
（2）你做中国菜得很好吃。
（3）他踢球得不错。
（4）我说汉语得不好。

◇2. 用"哪儿有……的"改写句子 (Rewrite the sentence with"哪儿有……的"):
（1）老师不能打学生。
（2）学汉语一定要学汉字。

（3）坐车应该买票。

（4）早上应该吃早饭。

活学活用 Learn and Use

◇1. 谈谈你对中国武术的了解 (Explain what you know about Chinese martial arts)。

◇2. 用你自己的语言叙述课文内容 (Retell the story of the text in your words)。

翻译练习 Translation

翻译下面的句子 (Translate the following sentences into Chinese):

1. I hear that you are good at cooking.
2. How could a Chinese person not speak Chinese?
3. You'd better study Chinese characters first.

汉字书写 Write the Characters

| 虎 | 丨 | 卜 | ⺊ | 庐 | 卢 | 虍 | 虎 | 虎 |

| 南 | 一 | 十 | 广 | ナ | 市 | 㐫 | 肉 | 南 | 南 |

| 烟 | 丶 | 丷 | 丷 | 火 | 火丨 | 灯 | 烔 | 烟 | 烟 | 烟 |

| 换 | 一 | 丁 | 扌 | 扩 | 护 | 护 | 护 | 换 | 换 |

语音练习 *Pronunciation*

◇ **读下面的句子，注意儿化词与非儿化词的读音区别及不同词义** (Read the following sentences and pay attention to the difference between the words with "er" and the words without "er"):

Wǒ gǎnmào le, húnshēn méi jìnr.
1. 我 感冒 了，浑身 没 劲儿。 (I have a cold and feel weak all over.)

Zhè ge diànyǐng zhēn méijìn.
2. 这 个 电影 真 没劲。 (This movie is really boring.)

第三十八课　宿舍楼里不准养狗
Dì-sānshíbā kè Sùshèlóu li bù zhǔn yǎng gǒu

课文 Text

朴英玉 Piáo Yīngyù：我听说安娜昨天买回一只小狗。
Wǒ tīngshuō Ānnà zuótiān mǎi huí yì zhī xiǎo gǒu.

崔成哲 Cuī Chéngzhé：是啊，那只小狗可爱极了。
Shì a, nà zhī xiǎo gǒu kě'ài jí le.

朴英玉 Piáo Yīngyù：我想去看看。我最喜欢小狗。
Wǒ xiǎng qù kànkan. Wǒ zuì xǐhuan xiǎo gǒu.

崔成哲 Cuī Chéngzhé：晚了，她已经送给别人了。
Wǎn le, tā yǐjing sònggěi biéren le.

朴英玉 Piáo Yīngyù：为什么送人？
Wèi shénme sòng rén?

崔成哲 Cuī Chéngzhé：管理员说宿舍楼里不准养狗。
Guǎnlǐyuán shuō sùshèlóu li bù zhǔn yǎng gǒu.

Lesson Thirty-eight It's not allowed keeping dogs in the dormitory.

Piao Yingyu:　I hear that Anna bought a puppy yesterday.
Cui Chengzhe: Yes. The puppy is so cute.
Piao Yingyu:　I want to go and see (it). I like puppies best.
Cui Chengzhe: It's too late. She has given it to somebody else.
Piao Yingyu:　Why?
Cui Chengzhe: The person in charge of the dormitory said that it's not allowed keeping dogs in the dormitory.

生词 New Words

1.	宿舍楼	sùshèlóu	名 (n.)	dormitory building
2.	准	zhǔn	动 (v.)	to allow; to permit
3.	养	yǎng	动 (v.)	to keep (animals)
4.	狗	gǒu	名 (n.)	dog

5.	可爱	kě'ài	形（adj.）	cute; lovely
6.	……极了	……jí le		very; extremely
7.	晚了	wǎn le		late
8.	已经	yǐjing	副（adv.）	already
9.	管理员	guǎnlǐyuán	名（n.）	caretaker

句型 Pattern Drills

 38.1 买回……

| sān zhī jī | jǐ tiáo shé | yì tóu niú | liǎng pǐ mǎ |
| 三只鸡 | 几条蛇 | 一头牛 | 两匹马 |

 38.2 ……极了

| suān | tián | là | xiān |
| 酸 | 甜 | 辣 | 咸 |

| gāoxìng | xìngfú | rènzhēn | nán |
| 高兴 / | 幸福 / | 认真 / | 难 |

38.3 已经送给……了

wàiguó péngyou	cánjírén	xīnhūn fūfù	Měiguó zǒngtǒng
外国 朋友	残疾人	新婚 夫妇	美国 总统

tóngxué	tóngshì	xuésheng	fúwùyuán
同学 /	同事 /	学生 /	服务员

生词 *New Words*

1.	鸡	jī	名 (n.)	chicken
2.	蛇	shé	名 (n.)	snake
3.	头	tóu	量 (m.)	head; for animals
4.	牛	niú	名 (n)	bull; cow
5.	匹	pǐ	量 (m.)	for horses, mules, camels. etc.
6.	马	mǎ	名 (n.)	horse
7.	酸	suān	形 (adj.)	sour
8.	甜	tián	形 (adj.)	sweet
9.	辣	là	形 (adj.)	spicy
10.	咸	xián	形 (adj.)	salty
11.	外国	wàiguó	名 (n.)	foreign country
12.	残疾人	cánjírén	名 (n.)	handicapped people
13.	新婚	xīnhūn		newly-married
14.	夫妇	fūfù	名 (n.)	husband and wife
15.	美国	Měiguó		America
16.	总统	zǒngtǒng	名 (n.)	president (of a country)

练习 Exercises

◇ 听读听写 *Repetition and Dictation*

◆ 1. 用慢速和中速跟读课文录音 (Follow the text tape and repeat at a slow and medium pace)。

◆ 2. 听录音，写句子 (Write down the sentences you hear)。

◇ 词汇语法 *Vocabulary and Grammar*

◆ 1. 查字典列出有下列口味的食物 (Look in the dictionary and find some foods with the following tastes):

甜的 ＿＿＿＿＿　　＿＿＿＿＿　　＿＿＿＿＿　　＿＿＿＿＿
酸的 ＿＿＿＿＿　　＿＿＿＿＿　　＿＿＿＿＿　　＿＿＿＿＿
辣的 ＿＿＿＿＿　　＿＿＿＿＿　　＿＿＿＿＿　　＿＿＿＿＿
咸的 ＿＿＿＿＿　　＿＿＿＿＿　　＿＿＿＿＿　　＿＿＿＿＿

◆ 2. 填上量词 (Fill in the measure words):

一（　）鸡　　一（　）狗　　一（　）牛　　一（　）老鼠
一（　）鱼　　一（　）马　　一（　）猫　　一（　）蛇

◇ 活学活用 *Learn and Use*

◆ 回答问题 (Answer the questions):
　1. 你喜欢养什么宠物 (chǒngwù; pet)? 为什么?
　2. 你觉得宿舍里可以养宠物吗? 为什么?
　3. 你怕狗，可是你的邻居养了一只狗，你怎么办?

翻译练习 Translation

翻译下面的句子 (Translate the following sentences into Chinese):
1. I hear that you bought a snake last week.
2. This dish is very salty.
3. My mom said that I'm not allowed to keep cats in my house.

汉字书写 Write the Characters

语音练习 Pronunciation

◇读下面的句子，注意儿化词与非儿化词的读音区别及不同词性与词义 (Read the following sentences and pay attention to the difference between the words with "er" and the words without "er"):

　　　Nǐ míngtiān zǎodiǎnr lái.
1. 你 明天 早点儿 来。(Come earlier tomorrow.)

　　　Nǐ chī zǎodiǎn le ma?
2. 你 吃 早点 了 吗？(Did you have breakfast?)

第三十九课 我从来不听广播
Dì-sānshíjiǔ kè Wǒ cónglái bù tīng guǎngbō

课文 Text

刘丽: 是你呀！快进来！
Liú Lì: Shì nǐ ya! Kuài jìnlai!

张明: 今天的雨下得真大。
Zhāng Míng: Jīntiān de yǔ xià de zhēn dà.

刘丽: 瞧你，都淋成落汤鸡了。
Liú Lì: Qiáo nǐ, dōu lín chéng luòtāngjī le.
你的雨衣呢？
Nǐ de yǔyī ne?

张明: 没带。我没想到今天下雨。
Zhāng Míng: Méi dài. Wǒ méixiǎngdào jīntiān xià yǔ.

刘丽: 广播里预报今天有雨呀！
Liú Lì: Guǎngbō li yùbào jīntiān yǒu yǔ ya!

张明: 我从来不听广播。
Zhāng Míng: Wǒ cónglái bù tīng guǎngbō.

Lesson Thirty-nine   I never listen to the radio.

Liu Li: It's you! Quick, come in!
Zhang Ming: It's raining so hard today.
Liu Li: Look at you! You look like a drowned rat. Where is your raincoat?
Zhang Ming: I didn't bring it. I didn't expect it to rain today.
Liu Li: The radio forecasted rain today.
Zhang Ming: I never listen to the radio.

生词 New Words

1. 从来 cónglái   副 (adv.) always; ever
2. 广播 guǎngbō   名 (n.)   broadcast (radio)
3. 进来 jìnlái   动 (v.)   to come in
4. 瞧   qiáo   动 (v.)   to look
5. 成   chéng   动 (v.)   to become

6.	落汤鸡	luòtāngjī	名 (n.)	a drowned rat (a chicken in a soup)
7.	雨衣	yǔyī	名 (n.)	raincoat
8.	没想到	méixiǎngdào		didn't expect

句型 *Pattern Drills*

39.1 快……来！

chū	xià	guò	huí
出	下	过	回

39.2 你的……呢？

jiéhūnzhèng	xuéshēngzhèng	hùzhào	shēnfènzhèng
结婚证	学生证	护照	身份证

 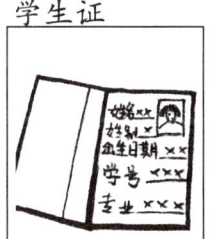 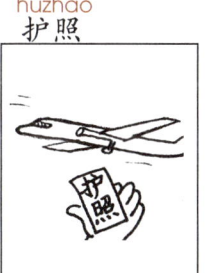 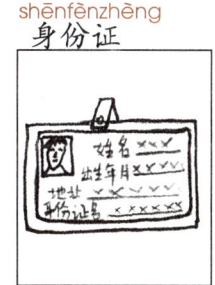

39.3 我从来不……。

xī yān	hē báijiǔ	dǔ qián	chī shēngyú
吸烟	喝白酒	赌钱	吃生鱼

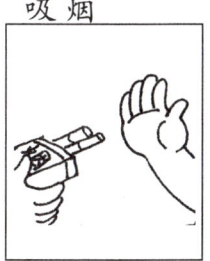   

生词 New Words

1.	下	xià	动 (v.)	to get off
2.	结婚证	jiéhūnzhèng	名 (n.)	marriage certificate
3.	学生证	xuéshēngzhèng	名 (n.)	student ID
4.	护照	hùzhào	名 (n.)	passport
5.	身份证	shēnfènzhèng	名 (n.)	ID
6.	吸	xī	动 (v.)	to smoke
7.	烟	yān	名 (n.)	cigarette
8.	白酒	báijiǔ	名 (n.)	white colored liquor
9.	赌	dǔ	动 (v.)	to gamble
10.	生鱼	shēngyú	名 (n.)	sashimi

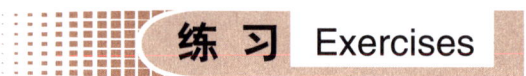

练 习 Exercises

听读听写 Repetition and Dictation

◇1. 用慢速和中速跟读课文录音 (Follow the text tape and repeat at a slow and medium pace)。

◇2. 听录音，写句子 (Write down the sentences you hear)。

词汇语法 Vocabulary and Grammar

◇1. 用手势表示下面几组词的意思 (Express the meaning of the words with gestures):

出来——出去　　上来——上去　　过来——过去
回来——回去　　下来——下去　　进来——进去

48

◇2. 解释词义（Explain the word's meaning）:
　　（1）落汤鸡　　（2）马马虎虎　　（3）看热闹儿
　　（4）糟糕　　　（5）说话算数　　（6）玩儿命

活学活用　Learn and Use

◇回答问题（Answer the questions）:
　　1. 你每天听广播吗？
　　2. 说说什么时候用结婚证、学生证、身份证、护照？
　　3. 什么事你从来不做？为什么？

翻译练习　Translation

翻译下面的句子（Translate the following sentences into Chinese）:
1. Look at you! You look like a drowned rat.
2. I didn't expect you to come.
3. I never listen to weather forecast.

汉字书写　Write the characters

| 成 | 一 | 厂 | 厅 | 成 | 成 | 成 |

| 汤 | 丶 | 冫 | 氵 | 汚 | 汤 | 汤 |

| 护 | 一 | 丁 | 扌 | 扩 | 护 | 护 | 护 |

| 结 | ㄥ | 纟 | 纟 | 纟 | 纠 | 结 | 结 | 结 | 结 |

49

语音练习 *Pronunciation*

◇ 读下面的句子，注意划线的儿化词与非儿化词的感情色彩 (Read the following sentences and pay attention to the difference between the words with "er" and the words without "er"):

1. Hǎishuǐ shì xián de.
   <u>海水</u> 是 咸 的。 (Sea water is salty.)

   Háizi xiǎng hē qìshuǐr.
   孩子 想 喝 <u>汽水儿</u>。 (The child wants to drink soda water.)

2. Hǎi li yǒu dà shāyú.
   海 里 有 大 <u>鲨鱼</u>。 (There are big sharks in the sea.)

   Háizi xǐhuan xiǎo jīnyúr.
   孩子 喜欢 小 <u>金鱼儿</u>。 (Children like small goldfish.)

第四十课 你想它愿意住在笼子里吗?
Dì-sìshí kè Nǐ xiǎng tā yuànyì zhù zài lóngzi li ma?

课文 Text

朴英玉: 大卫,快来帮帮我。
Piáo Yīngyù: Dàwèi, kuài lái bāngbang wǒ.

陆大卫: 什么事?
Lù Dàwèi: Shénme shì?

朴英玉: 我的房间里飞进来一只小鸟,帮我抓住它。
Piáo Yīngyù: Wǒ de fángjiān li fēi jinlai yì zhī xiǎo niǎo, bāng wǒ zhuāzhù tā.

陆大卫: 那以后怎么办?
Lù Dàwèi: Nà yǐhòu zěnmebàn?

朴英玉: 我给它买一个笼子。
Piáo Yīngyù: Wǒ gěi tā mǎi yí ge lóngzi.

陆大卫: 你想它愿意住在笼子里吗?
Lù Dàwèi: Nǐ xiǎng tā yuànyì zhù zài lóngzi li ma?

Lesson Forty Do you think it is willing to live in a cage?

Piao Yingyu: Dawei, quick, come help me!
Lu Dawei: What happened?
Piao Yingyu: A bird flew into my room. Help me catch it.
Lu Dawei: And then, what will you do?
Piao Yingyu: I'll buy it a cage.
Lu Dawei: Do you think it is willing to live in a cage?

生词 New Words

1.	它	tā	代 (pron.)	it
2.	愿意	yuànyì	助动 (aux.)	would like; be willing
3.	住	zhù	动 (v.)	to live
4.	笼子	lóngzi	名 (n.)	cage
5.	飞	fēi	动 (v.)	to fly

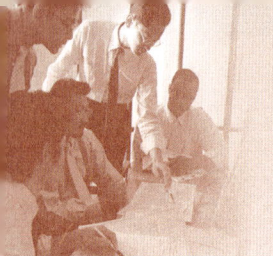

6.	鸟	niǎo	名 (n.)	bird
7.	抓	zhuā	动 (v.)	to catch
8.	住	zhù	动 (v.)	(compliment of result)
9.	以后	yǐhòu	名 (n.)	later

句型 *Pattern Drills*

 40.1 飞进来……

jǐ zhī wénzi
几只 蚊子

yì qún cāngying
一群 苍蝇

liǎng zhī qīngtíng
两只 蜻蜓

yí duì húdié
一对 蝴蝶

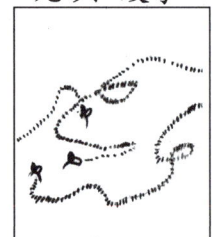 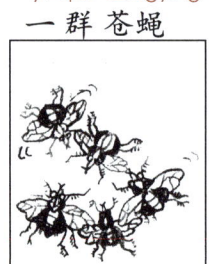 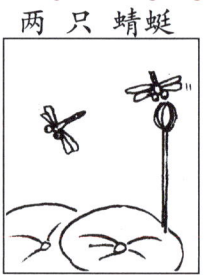

 40.2 给……买……

gěi háizi mǎi wánjù
给孩子买玩具

gěi péngyou mǎi jìniànpǐn
给朋友 买纪念品

gěi bàba mǎi lǐngdài
给爸爸买 领带

gěi jiějie mǎi qípáo
给姐姐买旗袍

 40.3 住在……里

hútòng
胡同

gōngyù
公寓

gāojí zhùzhái
高级住宅

chéngshì
城市

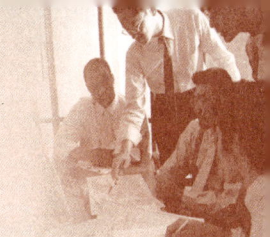

生词 New Words

1.	蚊子	wénzi	名 (n.)	mosquito
2.	群	qún	量 (m.)	swarm；lock
3.	苍蝇	cāngying	名 (n.)	fly
4.	蜻蜓	qīngtíng	名 (n.)	dragonfly
5.	对	duì	量 (m.)	a couple
6.	蝴蝶	húdié	名 (n.)	butterfly
7.	玩具	wánjù	名 (n.)	toy
8.	纪念	jìniàn	动、名 (v./n.)	to commemorate, commemoration
9.	品	pǐn	尾 (suffix)	goods；article
10.	领带	lǐngdài	名 (n.)	a tie
11.	旗袍	qípáo	名 (n.)	a traditional Chinese dress
12.	胡同	hútòng	名 (n.)	alley；lane
13.	公寓	gōngyù	名 (n.)	apartment
14.	高级	gāojí	形 (adj.)	high-class；advanced
15.	住宅	zhùzhái	名 (n.)	(dwelling) house；residence
16.	城市	chéngshì	名 (n.)	city

练习 Exercises

听读听写 Repetition and Dictation

◇1. 用慢速和中速跟读课文录音 (Follow the text tape and repeat at a slow and medium pace)。

◇2. 听录音，写句子 (Write down the sentences you hear)。

词汇语法　　Vocabulary and Grammar

1. 列出你知道的动物名字 (List the animals you know):
   (1) 你喜欢的动物：　_____　_____　_____　_____
   (2) 你讨厌的动物：　_____　_____　_____　_____

2. 填上动词完成句子 (Fill in the verbs to complete the sentences):
   (1) 外面（　　）进来一个学生。
   (2) 妈妈（　　）回来很多水果。
   (3) 前边（　　）过来一辆汽车。
   (4) 飞机（　　）起来了。
   (5) 你家的猫（　　）出来了。

活学活用　　Learn and Use

1. 回答问题 (Answer the questions):
   (1) 你的房间里飞进来几只蚊子，你怎么办？
   (2) 你给家里人和朋友买过什么礼物？
   (3) 你现在住在哪儿？

2. 说说你生活中的一件趣事 (Talk about something interesting in your life).

课堂游戏　　Game

写字比赛（Write characters）

老师给出几个偏旁，如：提手（扌）、单人（亻）。两人一组，在规定时间内，看哪组写出的带这些偏旁的字多。

The teacher gives some radicals, e.g. the hand radical, the single person radical. In groups of two, students must write as many characters with these radicals as possible within the given time limit.

 *Translation*

翻译下面的句子（Translate the following sentences into Chinese）:
1. A dog ran into my room. Help me catch it.
2. I'll buy you a birthday present. What do you want?
3. Do you like to live in a big city?

◇ 汉字书写 *Write the Characters*

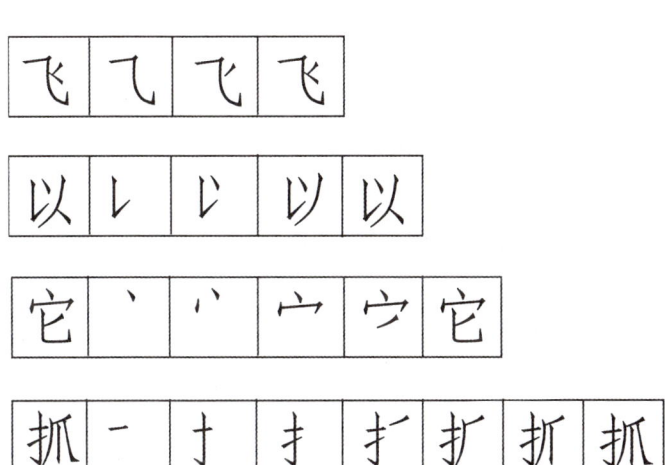

◆ **语音练习** *Pronunciation*

◇ 读下面的古诗 (Read the ancient poem):

静 夜 思（唐·李白）
Jìng yè sī （Táng Lǐ Bái）

床 前 明 月 光，
Chuáng qián míng yuè guāng,

疑 是 地 上 霜。
yí shì dì shàng shuāng.

举 头 望 明 月，
Jǔ tóu wàng míng yuè,

低 头 思 故 乡。
dī tóu sī gù xiāng.

第四十一课　这事，得老婆说了算
Dì-sìshíyī kè Zhè shì, děi lǎopo shuō le suàn

课文 Text

售货员 Shòuhuòyuán: 先生，您戴这顶礼帽正合适。
Xiānsheng, nín dài zhè dǐng lǐmào zhèng héshì.

顾客 Gùkè: 是吗？
Shì ma?

售货员 Shòuhuòyuán: 显得很有风度。
Xiǎnde hěn yǒu fēngdù.

顾客 Gùkè: 真的？
Zhēn de?

售货员 Shòuhuòyuán: 我看您就买下来吧。
Wǒ kàn nín jiù mǎi xialai ba.

顾客 Gùkè: 这个……我得回去商量商量。
Zhè ge…… Wǒ děi huíqu shāngliangshāngliang.
这事，得老婆说了算！
Zhè shì, děi lǎopo shuō le suàn!

Lesson Forty-one For this, it's my wife's opinion that counts.

Salesperson: Mister! This hat is perfect for you.
Customer: Yes?
Salesperson: You look younger in this hat.
Customer: Really?
Salesperson: I think you should buy it.
Customer: This... I have to go home to discuss... For this, it's my wife's opinion that counts.

生词 New Words

1. 老婆	lǎopo	名 (n.)	wife
2. 说了算	shuō le suàn		to count (someone's opinion)
3. 戴	dài	动 (v.)	to wear; to put on
4. 礼帽	lǐmào	名 (n.)	formal hat

5.	正	zhēng	副（adv.）	exactly
6.	合适	héshì	形（adj.）	fit
7.	顾客	gùkè	名（n.）	customer
8.	显得	xiǎnde	动（v.）	to seem
9.	风度	fēngdù	名（n.）	demeanor; bearing
10.	回去	huíqù		to go back

句型 *Pattern Drills*

 41.1 您戴……正合适。

zhè dǐng cǎomào	zhè fù ěrhuán	zhè tiáo xiàngliàn	zhè kuài shǒubiǎo
这顶 草帽	这副 耳环	这条 项链	这块 手表

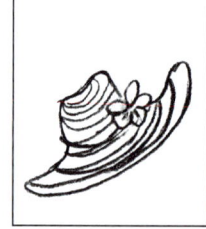 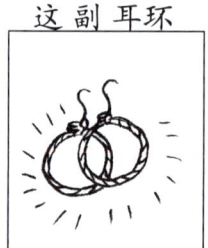 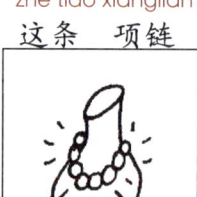 

 41.2 显得……

jīngshen	qìpài	měiguān	niánqīng
精神	气派	美观	年轻

 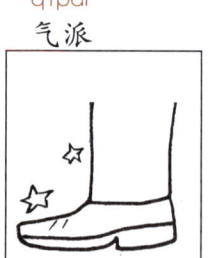 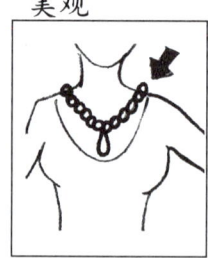 

41.3 我看您就……下来吧。

   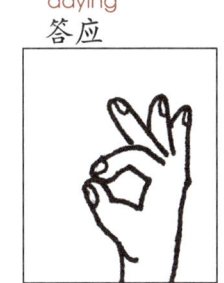

dìng 定　　lù 录　　shōu 收　　dāying 答应

生词 New Words

1.	草帽	cǎomào	名 (n.)	straw hat
2.	耳环	ěrhuán	名 (n.)	earring
3.	项链	xiàngliàn	名 (n.)	necklace
4.	精神	jīngshen	形 (adj.)	lively; full of life
5.	气派	qìpài	形 (adj.)	having an imposing air
6.	美观	měiguān	形 (adj.)	nice-looking; beautiful (objects only)
7.	定	dìng	动 (v.)	to decide; to set
8.	录	lù	动 (v.)	to record
9.	收	shōu	动 (v.)	to receive
10.	答应	dāying	动 (v.)	to promise; agree

练习 Exercises

◇听读听写　Repetition and Dictation

◇1. 用慢速和中速跟读课文录音 (Follow the text tape and repeat at a slow and medium pace)。

◇2. 听录音，写句子 (Write down the sentences you hear)。

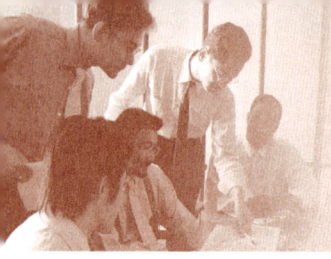

词汇语法　　Vocabulary and Grammar

◇1. 填上与下面的数量词搭配的词语 (Fill in the proper words that match the measure words):

一条_____　　一顶_____　　一副_____　　一双_____
一只_____　　一杯_____　　一本_____　　一块_____
一两_____　　一盘_____　　一瓶_____　　一件_____
一位_____　　一束_____　　一张_____　　一支_____
一辆_____　　一头_____　　一匹_____　　一次_____

◇2. 搭配下面的单音节动词和宾语 (Match the following single syllable verbs to the objects):

单音节动词 (single syllable verb)	宾语 (object)
背　吹　打　盖 交　捐　开　逛 踢　洗　拉　弹	学费　被子　单词　衣服　笛子　商店 足球　课文　汽车　钢琴　钱　小提琴 网球　作业　公园　商场　手　保龄球

活学活用　　Learn and Use

◇选用下面的词语评价你同学的服饰 (Evaluate your classmates' clothes and accessories choosing from the following words):

好看　苗条　漂亮　羡慕　样子　合适　显得　精神　颜色

翻译练习　　Translation

翻译下面的句子 (Translate the following sentences into Chinese):

1. This outfit is perfect for you.

2. You look too old in this shirt.
3. I think you should accept it.

◆ 汉字书写　*Write the Characters*

| 耳 | 一 | 厂 | 丌 | 丌 | 耳 |

| 老 | 一 | 十 | 土 | 耂 | 耂 | 老 |

| 客 | 丶 | 宀 | 宀 | 宀 | 夗 | 安 | 客 | 客 |

| 显 | 丨 | 冂 | 冂 | 曰 | 曱 | 昂 | 昂 | 昂 | 显 |

◆ 语音练习　*Pronunciation*

◇ 读下面的句子，注意划线词语的读音区别及不同词义 (Read the following sentences and pay attention to the different tones and meanings of the underlined words):

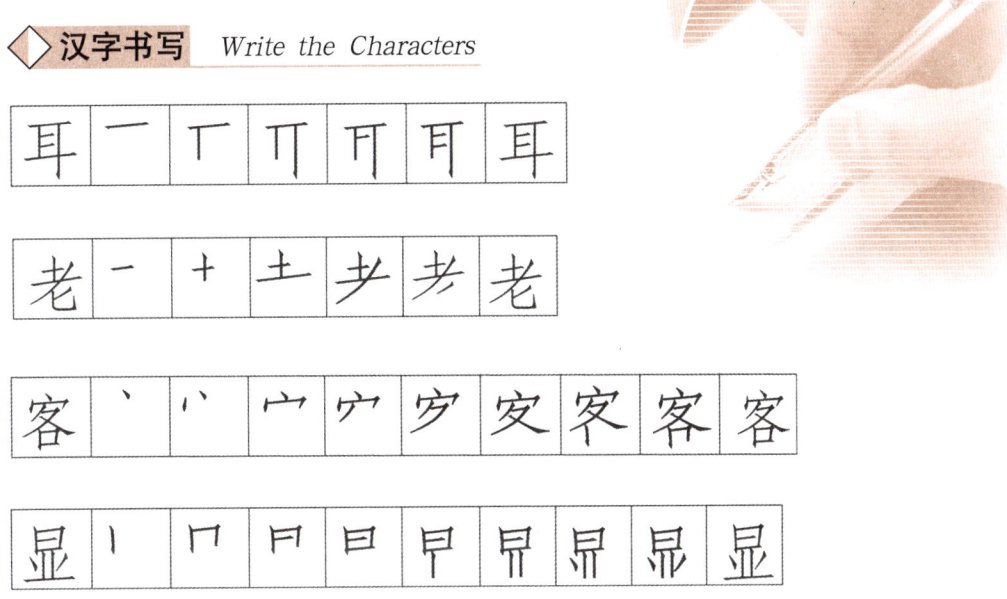

　　　　Wǒ zài dòngwùyuán dǎo chē.
1. 我 在 动物园　倒 车。(I change buses at the zoo (bus stop).)

　　　　Qǐng zhùyì, dào chē!
2. 请 注意，倒 车! (Attention please! Back up the car!)

61

Dì-sìshí'èr kè Yōu zhe diǎnr!
第四十二课 悠着点儿!

课文 Text

Liú Lì:	Jīntiān de fànqián wǒ lái fù.
刘丽:	今天的饭钱我来付。
Zhāng Míng:	Nǎr yǒu xiǎohuǒzi ràng gūniang qǐng kè de?
张明:	哪儿有小伙子让姑娘请客的?
Liú Lì:	Nà zánmen ēi'ēizhì.
刘丽:	那咱们AA制。
Zhāng Míng:	Hǎo ba, tīng nǐ de. Āi, nǐ jīntiān chī de tài shǎo le.
张明:	好吧,听你的。哎,你今天吃得太少了。
Liú Lì:	Zhème duō cài, chī bu liǎo.
刘丽:	这么多菜,吃不了。
Zhāng Míng:	Zhèr de cài hěn hǎochī, shìbushì?
张明:	这儿的菜很好吃,是不是?
Liú Lì:	Hǎochī shì hǎochī, kěshì wǒ de dùzi duì wǒ shuō: yōu zhe diǎnr!
刘丽:	好吃是好吃,可是我的肚子对我说:悠着点儿!

Lesson Forty-two   Take it easy!

Liu Lì: Let me pay for today's meal.
Zhang Ming: How could a man let a girl treat him?
Liu Lì: Then, let's go Dutch.
Zhang Ming: OK. Let's do what you say. Hey, you ate too little today.
Liu Lì: There are so many dishes, you can't finish them all.
Zhang Ming: The dishes here are tasty, aren't they?
Liu Lì: Even if they are good, my stomach is telling me: "Take it easy!"

生词 *New Words*

1. 悠着点儿　　　　yōu zhe diǎnr　　　　　　　　take it easy
2. 饭钱　　　　　　fànqián　　　　　名 (n.)　　money for a meal (bill)
3. 付　　　　　　　fù　　　　　　　　动 (v.)　　to pay
4. 小伙子　　　　　xiǎohuǒzi　　　　名 (n.)　　young guy
5. 请客　　　　　　qǐng kè　　　　　　　　　　to treat; pay
6. AA制　　　　　　ēi'ēizhì　　　　　　　　　　go Dutch
7. 听你的　　　　　tīng nǐde　　　　　　　　　it's up to you
8. ……不了　　　　……bu liǎo　　　　　　　　can not
9. ……是……，可是……　……shì……, kěshì……　　　although...but...
10. 肚子　　　　　　dūzi　　　　　　　名 (n.)　　stomach

句型 *Pattern Drills*

 42.1 这么多……，……不了。

Zhème duō gāngbǐ, yòng bu liǎo.
这么多钢笔，用不了。

Zhème duō júzi, chī bu liǎo.
这么多橘子，吃不了。

Zhème duō qián, huā bu liǎo.
这么多钱，花不了。

Zhème duō bèixīn, chuān bu liǎo.
这么多背心，穿不了。

● 42.2 很……，是不是？

hǎohē	hǎowén	hǎotīng	hǎoyòng
好喝	好闻	好听	好用

   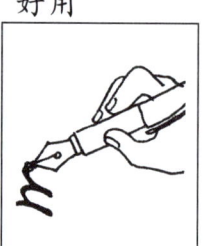

● 42.3 ……是……，可是……

(Nà jiān jiākèshān) piàoliang shì piàoliang,
（那件 夹克衫）漂亮 是 漂亮，
kěshì tài guì le.
可是 太 贵 了。

(Zhè tái shōuyīnjī) piányi shì piányi,
（这 台 收音机）便宜 是 便宜，
kěshì zhìliàng bù hǎo.
可是 质量 不 好。

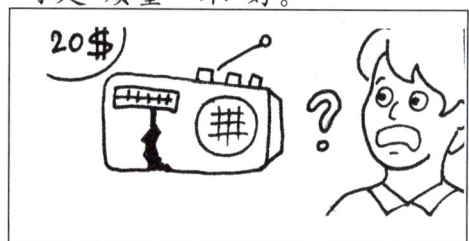

(Kǎoshì tí) duō shì duō, kěshì bù
（考试 题）多 是 多，可是 不
tài nán.
太 难。

(Zhè háizi) cōngming shì cōngming,
（这 孩子）聪明 是 聪明，
kěshì xuéxí bù nǔlì.
可是 学习 不 努力。

生词 New Words

1.	钢笔	gāngbǐ	名 (n.)	pen
2.	花	huā	动 (v.)	to spend
3.	背心	bèixīn	名 (n.)	vest
4.	好喝	hǎohē	形 (adj.)	good to drink
5.	好闻	hǎowén	形 (adj.)	good to smell
6.	好听	hǎotīng	形 (adj.)	good to listen
7.	好用	hǎoyòng	形 (adj.)	good to use
8.	夹克衫	jiākèshān	名 (n.)	jacket
9.	台	tái	量 (m.)	for certain machines
10.	收音机	shōuyīnjī	名 (n.)	radio
11.	质量	zhìliàng	名 (n.)	quality
12.	题	tí	名 (n.)	question
13.	努力	nǔlì	形 (adj.)	make efforts

练习 Exercises

听读听写 Repetition and Dictation

◇1. 用慢速和中速跟读课文录音 (Follow the text tape and repeat at a slow and medium pace)。

◇2. 听录音,写句子 (Write down the sentences you hear)。

词汇语法 Vocabulary and Grammar

◇1. 完成下面的句子 (Complete the following sentences):
(1) 这么多米饭,_____ 不了。
(2) 这么多饮料,_____ 不了。
(3) 这么多行李,_____ 不了。

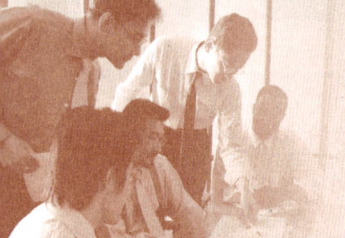

（4）这么多衣服，_____ 不了。

（5）这么多本子，_____ 不了。

◇2. 填空 (Fill in the blanks)：

（1）_____ 很好听。

（2）_____ 很好看。

（3）_____ 很好闻。

（4）_____ 很好吃。

（5）_____ 很好喝。

（6）_____ 很好用。

（7）_____ 很好玩儿。

◆ **活学活用**　Learn and Use

◇回答问题 (Answer the questions)：

1. 你和朋友出去吃饭的时候，一般怎么付钱？
2. 说说 AA 制。
3. 在餐馆吃饭吃不了的时候，你怎么办？

 Translation

翻译下面的句子 (Translate the following sentences into Chinese)：

1. There are so many books, you can't read them all.
2. The boys here are ugly, aren't they?
3. Even if the flower smells good, it's not pretty.

◇ 汉字书写　*Write the Characters*

| 台 | ㄥ | ㄙ | 台 | 台 | 台 |

| 伙 | ノ | 亻 | 亻 | 亻 | 伙 | 伙 |

| 制 | ノ | 亠 | 匕 | 午 | 勾 | 制 | 制 |

| 闻 | 丶 | 亠 | 门 | 门 | 问 | 闻 | 闻 | 闻 |

◇ 语音练习　*Pronunciation*

◇ 读下面的句子，注意划线词语的读音区别及不同词义 (Read the following sentences and pay attention to the different tones and meanings of the underlined words):

　　　Tā shì wǒ de tónghāng.
1. 他 是 我 的 同行。　(He is my counterpart in the same industry.)

　　Yí lù tóng xíng.
2. 一 路 同行。　(Travel together all the way.)

第四十三课 想当我表哥吗?
Dì-sìshísān kè Xiǎng dāng wǒ biǎogē ma?

课文 Text

刘丽: 前天那个和你一起滑冰的是谁?
Liú Lì: Qiántiān nà ge hé nǐ yìqǐ huá bīng de shì shéi?

张明: 他是我表弟。
Zhāng Míng: Tā shì wǒ biǎodì.

刘丽: 你表弟比你高。
Liú Lì: Nǐ biǎodì bǐ nǐ gāo.

张明: 他身高一米八八,比我高半头。
Zhāng Míng: Tā shēngāo yì mǐ bā bā, bǐ wǒ gāo bàn tóu.

刘丽: 你表弟长得真帅。
Liú Lì: Nǐ biǎodì zhǎng de zhēn shuài.

张明: 要不要我介绍你们认识?
Zhāng Míng: Yàobuyào wǒ jièshào nǐmen rènshi?

刘丽: 怎么? 想当我表哥吗?
Liú Lì: Zěnme? Xiǎng dāng wǒ biǎogē ma?

Lesson Forty-three   Want to be my cousin?

Liu Li: Who is the person that skated with you the day before yesterday?
Zhang Ming: He's my cousin.
Liu Li: Your cousin is taller than you.
Zhang Ming: He's 188cm tall. Half a head taller than me.
Liu Li: Your cousin is really handsome.
Zhang Ming: Do you want me to introduce you (to know each other)?
Liu Li: Why? Do you want to be my cousin?

生词 New Words

1. 表哥 biǎogē   名 (n.)   cousin (male, elder)
2. 前天 qiántiān 名 (n.)   the day before yesterday
3. 滑冰 huá bīng   to skate
4. 表弟 biǎodì   名 (n.)   cousin (male, younger)

5.	比	bǐ	介（prep.）	than
6.	身高	shēngāo		height (of a person)
7.	米	mǐ	量（m.）	meter
8.	长	zhǎng	动（v.）	to grow
9.	帅	shuài	形（adj.）	handsome

句型 Pattern Drills

43.1 那个……的是谁？

dài yǎnjìng　　dài kǒuzhào　　chuān fēngyī　　jì lǐngdài
戴眼镜　　　　戴口罩　　　　穿风衣　　　　系领带

43.2 ……比……

Jīnnián dōngtiān bǐ qùnián lěng.
今年冬天比去年冷。

Jìnkǒu xiàngjī bǐ guóchǎn xiàngjī guì.
进口相机比国产相机贵。

 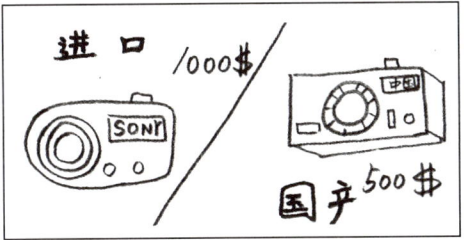

Biǎojiě bǐ wǒ dà sān suì.
表姐 比 我 大 三 岁。

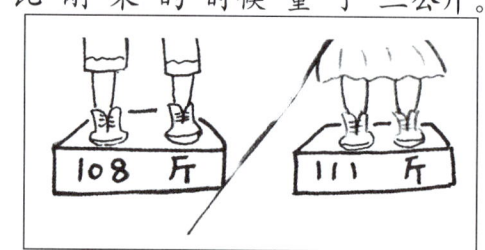

Wǒ bǐ gāng lái de shíhou zhòng le sān gōngjīn.
我 比 刚 来 的 时候 重 了 三 公斤。

 43.3 身高……

yì mǐ liù líng
一米六零

liǎng mǐ líng bā
两米零八

yì mǐ qī èr
一米七二

bú dào liǎng mǐ
不到两米

生词 New Words

1.	眼镜	yǎnjìng	名 (n.)	glasses
2.	口罩	kǒuzhào	名 (n.)	gauze mask
3.	风衣	fēngyī	名 (n.)	a coat made especially for the wind
4.	系	jì	动 (v.)	to tie
5.	去年	qùnián	名 (n.)	last year
6.	进口	jìnkǒu		to import
7.	国产	guóchǎn		made in one's own country
8.	表姐	biǎojiě	名 (n.)	cousin (female, elder)
9.	刚	gāng	副 (adv.)	just
10.	不到	bú dào		less than; doesn't reach (length or amount)

练习 Exercises

◇ 听读听写 *Repetition and Dictation*

◇1. 用慢速和中速跟读课文录音 (Follow the text tape and repeat at a slow and medium pace)。

◇2. 听录音，写句子 (Write down the sentences you hear)。

◇ 词汇语法 *Vocabulary and Grammar*

◇1. 用"穿"和"戴"搭配下面的词 (Match the words with "穿" and "戴")：

手套	西服	眼镜	口罩	手表	耳环	大衣
项链	帽子	袜子	风衣	背心	布鞋	裤子

◇2. 用"A比B……"的句型表述下面句子的内容 (Express the meaning of the following sentences using A than B pattern)：

（1）他身高一米八五，我身高一米七零。
（2）她买的布鞋八十元，我买的布鞋九十五元。
（3）骑自行车去学校用二十分钟，坐公共汽车去用半小时。
（4）爸爸今年五十岁，妈妈四十七岁。
（5）他家离学校五公里，我家离学校八公里。

◇ 活学活用 *Learn and Use*

◇ 从穿戴、身高等方面描述你的个人形象 (Describe yourself in terms of clothes, height, etc.)。

翻译练习 Translation

翻译下面的句子 (Translate the following sentences into Chinese):
1. Who is the girl that danced with you at your birthday party?
2. My boyfriend is more handsome than yours.
3. My father reads more books than I do.

汉字书写 Write the Characters

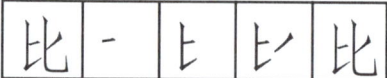

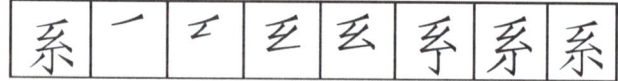

语音练习 Pronunciation

◇ 读下面的句子，注意划线词语的读音 (Read the following sentences and pay attention to the pronunciations of the underlined words):

    Hǎohāor xiě.
1. 好好儿写。 (Write well!)

    Mànmānr zǒu.
2. 慢慢儿走。 (Walk slowly!)

第四十四课 你不要命啦?
Dì-sìshísì kè Nǐ bú yào mìng la?

课文 Text

医生: 你哪儿不舒服?
Yīshēng: Nǐ nǎr bù shūfu?

伍松: 我肚子疼得厉害。
Wǔ Sōng: Wǒ dùzi téng de lìhai.

医生: 什么时候开始的?
Yīshēng: Shénme shíhou kāishǐ de?

伍松: 昨天夜里。
Wǔ Sōng: Zuótiān yèli.

医生: 昨天晚上吃的是什么?
Yīshēng: Zuótiān wǎnshang chī de shì shénme?

伍松: 羊肉串儿。
Wǔ Sōng: Yángròuchuànr.

医生: 吃了多少?
Yīshēng: Chī le duōshao?

伍松: 三十五串儿。我一见羊肉串儿就吃个没够。
Wǔ Sōng: Sānshíwǔ chuànr. Wǒ yí jiàn yángròuchuànr jiù chī ge méi gòu.

医生: 你不要命啦? 身体健康比什么都重要。
Yīshēng: Nǐ bú yào mìng la? Shēntǐ jiànkāng bǐ shénme dōu zhòngyào.

Lesson Forty-four Do you want to kill yourself?

Doctor: What's wrong with you?
Wu Song: My stomach is killing me.
Doctor: When did it begin?
Wu Song: Last night.
Doctor: What did you eat yesterday evening?
Wu Song: Lamb kabob.
Doctor: How many did you eat?
Wu Song: 35 skewers. Once I see lamb kabob I can't stop.
Doctor: Do you want to kill yourself? Health is more important than anything.

生词 New Words

1. 不要命　　bú yào mìng　　　　　　　　　　　want to kill oneself
2. 厉害　　　lìhai　　　　　　　形 (adj.)　　severe, serious
3. 昨天　　　zuótiān　　　　　　名 (n.)　　　yesterday
4. 夜里　　　yèli　　　　　　　　名 (n.)　　　night
5. 羊肉串儿　yángròuchuànr　　名 (n.)　　　lamb kabob
6. 串儿　　　chuànr　　　　　　量 (m.)　　　for strings of things, skewers of meat
7. 一……就……　yī......jiù......　　　　　　　　as soon as
8. 重要　　　zhòngyào　　　　　形 (adj.)　　important

句型 Pattern Drills

 44.1 ……疼得厉害

yá
牙

wèi
胃
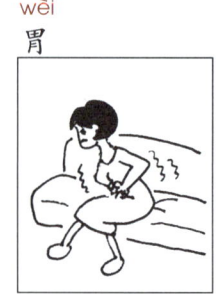

yāo
腰

tuǐ
腿
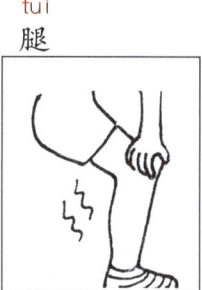

yǎnjing
眼睛

gēbo
胳膊
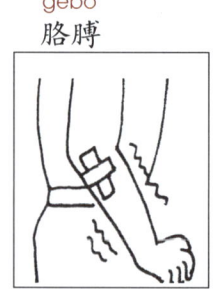

tóu
头

jiǎo
脚
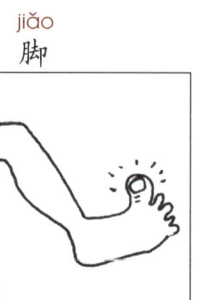

44.2 一……就……

(Nǐ) yí kàn jiù dǒng.
(你)一看就懂。

(Tā) yì chá cídiǎn jiù míngbai le.
(他)一查词典就明白了。

(Háizi) yì xǐng jiù kū.
(孩子)一醒就哭。

(Xiǎo Zhāng) yí shàng kè jiù dǎ dǔnr.
(小张)一上课就打盹儿。

44.3 ……比什么都重要

kǎoshì jígé
考试及格

fūqī ēn'ài
夫妻恩爱

shēnghuó měimǎn
生活美满

jiātíng xìngfú
家庭幸福

生词 *New Words*

1.	牙	yá	名 (n.)	tooth
2.	胃	wèi	名 (n.)	stomach
3.	腰	yāo	名 (n.)	waist
4.	腿	tuǐ	名 (n.)	leg

5.	眼睛	yǎnjing	名（n.）	eye
6.	胳膊	gēbo	名（n.）	arm
7.	脚	jiǎo	名（n.）	foot
8.	懂	dǒng	动（v.）	to understand
9.	查	chá	动（v.）	to look up
10.	醒	xǐng	动（v.）	to wake
11.	哭	kū	动（v.）	to cry
12.	打盹儿	dǎ dǔnr		to doze off
13.	夫妻	fūqī	名（n.）	husband and wife
14.	恩爱	ēn'ài	形（adj.）	affectionate; conjugal love
15.	生活	shēnghuó	名（n.）	life
16.	美满	měimǎn	形（adj.）	happy and content; perfectly satisfactory
17.	家庭	jiātíng	名（n.）	family

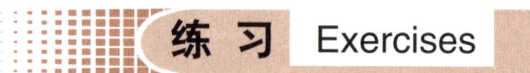 练 习 Exercises

◇ **听读听写** *Repetition and Dictation*

◇1. 用慢速和中速跟读课文录音（Follow the text tape and repeat at a slow and medium pace）。

◇2. 听录音，写句子（Write down the sentences you hear）。

◇ **词汇语法** *Vocabulary and Grammar*

◇1. 完成下面的句子（Complete the following sentences）：
　　（1）孩子一玩儿就 _____。
　　（2）老师一讲我就 _____。

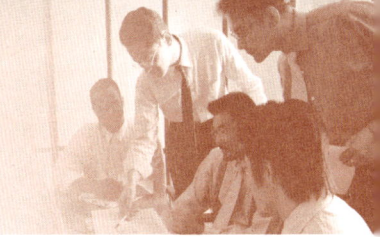

（3）我一到冬天就＿＿＿＿＿＿＿＿＿＿＿＿＿＿＿。
（4）田中一回宿舍就＿＿＿＿＿＿＿＿＿＿＿＿＿。
（5）我一有钱就＿＿＿＿＿＿＿＿＿＿＿＿＿＿＿。

◇2. 画人体图并在图上标出人体各部位的名称（Draw a human body and name the different parts）。

活学活用　Learn and Use

◇讨论：你的生活中什么最重要（Discussion: What is most important in your life）?

课堂游戏　Game

改写儿歌（Rewrite the children's song）

老师先教学生儿歌："你拍一，我拍一，一个小孩开飞机；你拍二，我拍二……"然后让学生两人一组用"动词＋宾语"改写后面的部分。注意押韵。准备好以后加上动作表演。

The teacher teaches students the children's song "you clap one, I clap one, one child flies an airplane, you clap two, I clap two ......" Then students rewrite the second part of each line with "verb + object" construction and make up actions to go along. Pay attention to the rhymes. Every group will perform their new songs, along with the actions.

翻译练习　Translation

翻译下面的句子（Translate the following sentences into Chinese）:
1. My tooth is killing me.
2. Once I play computer games I can't stop.
3. Health is more important than anything.

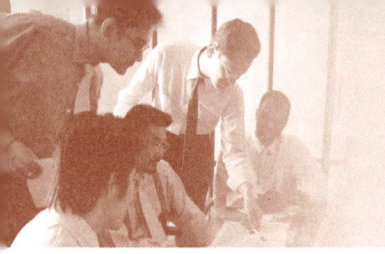

◆ 汉字书写 Write the Characters

| 厉 | 一 | 厂 | 厂 | 厉 | 厉 |

| 串 | ｀ | 冂 | 口 | 吊 | 吕 | 串 |

| 夜 | 丶 | 亠 | 广 | 疒 | 亦 | 夜 | 夜 |

| 害 | 丶 | 丷 | 宀 | 宀 | 宁 | 宝 | 宔 | 宔 | 害 | 害 |

◆ 语音练习 Pronunciation

◇ 读下面的词语，注意划线部分词语的读音变化 (Read the following sentences and pay attention to the different tones of the underlined words):

    hóngtōngtōng　de　tàiyang
1. 红彤彤　的　太阳 (red sun)

    huángdēngdēng　de　jīnzi
2. 黄澄澄　的　金子 (yellow gold)

    lǜyōuyōu　de　màimiáo
3. 绿油油 的 麦苗 (green (young) wheat)

第四十五课　我比您差远了!
Dì-sìshíwǔ kè　Wǒ bǐ nín chàyuǎn le!

课文 Text

司机: 你是什么时候开始学汉语的?
Sījī: Nǐ shì shénme shíhou kāishǐ xué Hànyǔ de?

玛丽: 我学汉语半年多了。
Mǎlì: Wǒ xué Hànyǔ bàn nián duō le.

司机: 才半年? 我不相信。
Sījī: Cái bàn nián? Wǒ bù xiāngxìn.

玛丽: 为什么?
Mǎlì: Wèi shénme?

司机: 你的发音满不错的,像地道的北京人。
Sījī: Nǐ de fāyīn mǎn búcuò de, xiàng dìdao de Běijīngrén.

玛丽: 您过奖了。
Mǎlì: Nín guòjiǎng le.

司机: 我是从外地来的,我的普通话发音不如你。
Sījī: Wǒ shì cóng wàidì lái de, wǒ de pǔtōnghuà fāyīn bùrú nǐ.

玛丽: 哪里哪里,我比您差远了。
Mǎlì: Nǎli nǎli, wǒ bǐ nín chàyuǎn le.

Lesson Forty-five　I fall far short of you!

Driver:　When did you begin to study Chinese?

Mali:　I've been studying Chinese for more than half a year.

Driver:　Just half a year? I can't believe it.

Mali:　Why?

Driver:　Your pronunciation is quite good. Just like local Beijing people.

Mali:　You're flattering me.

Driver:　I'm from out of town and my Chinese pronunciation is not as good as yours.

Mali:　It's nothing. I fall far short of you!

生词 New Words

1.	司机	sījī	名 (n.)	driver
2.	才	cái	副 (adv.)	just; only
3.	发音	fāyīn	名 (n.)	pronunciation
4.	满……的	mǎn……de		quite
5.	地道	dìdao	形 (adj.)	authentic
6.	过奖	guòjiǎng	动 (v.)	to flatter
7.	外地	wàidì	名 (n.)	nonlocal, out of town
8.	普通话	pǔtōnghuà	名 (n.)	standard Mandarin Chinese
9.	不如	bùrú	动 (v.)	not as good as
10.	哪里	nǎli	代 (pron.)	where (a polite response to praise)

句型 Pattern Drills

 45.1 你是什么时候……的？

huán	fāxiàn	líkāi	cízhí
还	发现	离开	辞职

   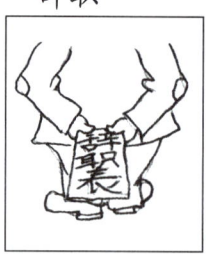

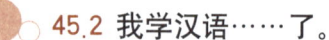 **45.2** 我学汉语……了。

yì nián duō	yí ge duō yuè	liǎng-sān nián	èrshí duō nián
一年多	一个多月	两三年	二十多年

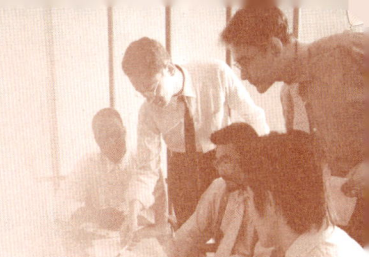

45.3 是从……来的

Dōngjīng	Lúndūn	Bālí	Luómǎ
东京	伦敦	巴黎	罗马

 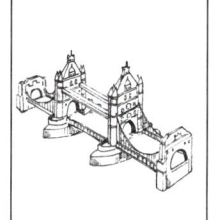  

Hànchéng	Huáshèngdùn	Kāiluó	Bólín
汉城	华盛顿	开罗	柏林

45.4 比……差远了

shīfu	Běijīng	xīn chǎnpǐn	dà fàndiàn
师傅	北京	新 产品	大饭店

生词 New Words

1. 还　　huán　　动 (v.)　　to return
2. 发现　fāxiàn　　动 (v.)　　to discover
3. 离开　líkāi　　动 (v.)　　to leave
4. 辞职　cí zhí　　　　　　　to resign; quit

5.	东京	Dōngjīng		Tokyo
6.	伦敦	Lúndūn		London
7.	巴黎	Bālí		Paris
8.	罗马	Luómǎ		Rome
9.	汉城	Hànchéng		Seoul
10.	华盛顿	Huáshèngdùn		Washington
11.	开罗	Kāiluó		Cairo
12.	柏林	Bólín		Berlin
13.	师傅	shīfu	名（n.）	master (a form of address used in Beijing)
14.	新	xīn	形（adj.）	new
15.	产品	chǎnpǐn	名（n.）	product

练习　Exercises

听读听写　Repetition and Dictation

◇1. 用慢速和中速跟读课文录音 (Follow the text tape and repeat at a slow and medium pace)。

◇2. 听录音，写句子 (Write down the sentences you hear)。

词汇语法　Vocabulary and Grammar

◇1. 把下面的国家和首都用线连接起来 (Match the countries with their capitals):

韩国　美国　日本　法国　英国　中国　埃及　德国

伦敦　北京　东京　汉城　开罗　柏林　巴黎　华盛顿

◇2. 用时间词填空 (Finish the sentences with an amount of time):
（1）我学汉语_____了。
（2）他踢足球_____了。
（3）他来北京_____了。
（4）比赛开始_____了。
（5）刘丽住在这个宿舍_____了。
（6）警察看你_____了。

活学活用　Learn and Use

◇会话表演：警察和犯罪嫌疑人 (Police and suspects):
警察：请你回答（huídá; answer）我的问题。
犯罪嫌疑人：_____。
警察：你是从哪儿来的？
犯罪嫌疑人：_____。
警察：什么时候来的？
犯罪嫌疑人：_____。
警察：你来这里做什么？
犯罪嫌疑人：_____。
警察：你是和谁一起来的？
犯罪嫌疑人：_____。
警察：二月十四日晚上你在哪儿？
犯罪嫌疑人：_____。
警察：和谁在一起？
犯罪嫌疑人：_____。
警察：你认识死者（sǐzhě; the deceased）吗？
犯罪嫌疑人：……
警察：……
（继续（jìxù continue））

翻译练习 Translation

翻译下面的句子 (Translate the following sentences into Chinese)

1. When did you begin to work in London?
2. Lesson ten is not as difficult as Lesson twelve.
3. The movie fell far short of my expectation.

◆ 汉字书写 Write the Characters

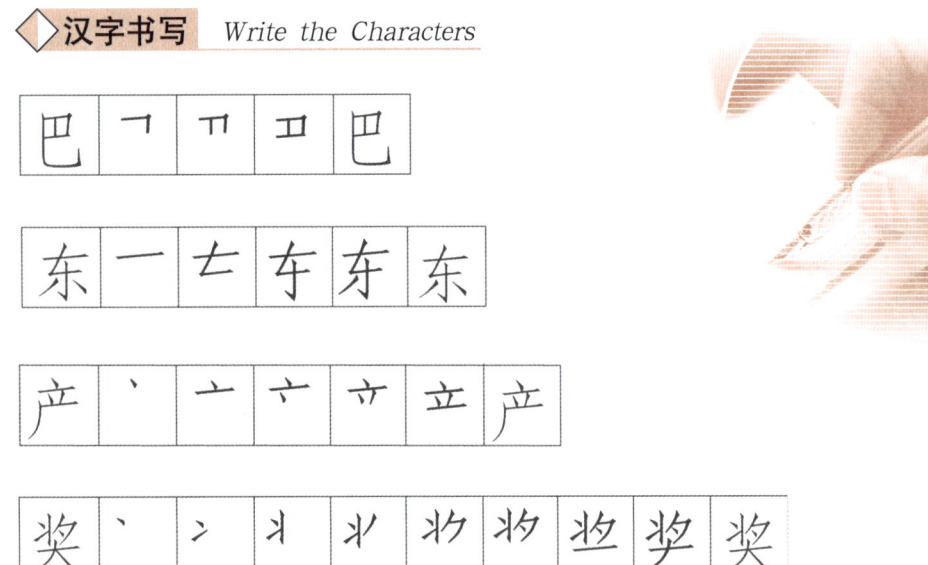

语音练习 *Pronunciation*

◇ 读下面的古诗 (Read the ancient poem):

登 鹳 雀 楼 （唐·王 之 涣）
Dēng Guānquèlóu　(Táng Wáng Zhīhuàn)

白　日　依　山　尽，
Bái　rì　yī　shān　jìn,

黄　河　入　海　流。
huáng　hé　rù　hǎi　liú.

欲　穷　千　里　目，
Yù　qióng　qiān　lǐ　mù,

更　上　一　层　楼。
gèng　shàng　yì　céng　lóu.

Dì-sìshíliù kè Háishi fāngbiànmiàn
第四十六课 还是 方便面

课文 Text

Qīzi: Qīn'ài de, wǒ jīntiān yòu yào jiā bān,
妻子：亲爱的，我今天又要加班，

bùnéng huílai gěi nǐ zuò wǎnfàn le.
不能回来给你做晚饭了。

Zhàngfu: Méi guānxi, zuì zhòngyào de shì gōngzuò.
丈夫：没关系，最重要的是工作。

Qīzi: Ò, wǒ wàng le wèn nǐ, nǐ zuótiān
妻子：哦，我忘了问你，你昨天

wǎnshang chī de shì shénme?
晚上吃的是什么？

Zhàngfu: Fāngbiànmiàn.
丈夫：方便面。

Qīzi: Jīntiān nǐ dǎsuan chī shénme?
妻子：今天你打算吃什么？

Zhàngfu: Háishi fāngbiànmiàn ba.
丈夫：还是方便面吧。

Qīzi: Nǐ zěnme tiāntiān chī fāngbiànmiàn?
妻子：你怎么天天吃方便面？

Zhàngfu: Chī fāngbiànmiàn yòu shěng shì, yòu bú yòng xǐ wǎn.
丈夫：吃方便面又省事，又不用洗碗。

Qīzi: Nà hǎo ba, búguò wǒ xiān tíxǐng nǐ, yěxǔ nǐ míngtiān hái yào chī
妻子：那好吧，不过我先提醒你，也许你明天还要吃

fāngbiànmiàn.
方便面。

Lesson Forty-six   It's still instant noodles.

Wife: Darling, I have to work overtime again today and I can't come back to cook supper for you.

Husband: It doesn't matter. Working is the most important thing.

Wife: Oh, I forgot to ask you. What did you eat yesterday evening?
Husband: Instant noodles.
Wife: What do you plan to eat today?
Husband: Instant noodles again (I guess).
Wife: How can you eat instant noodles everyday?
Husband: Eating instant noodles, you can avoid to cook and don't need to wash dishes.
Wife: Do you think so? Then I'd better warn you first, you might have to eat instant noodles tomorrow, too.

生词 New Words

1.	还是	háishi	副（adv.）	still
2.	方便面	fāngbiànmiàn	名（n.）	instant noodles
3.	妻子	qīzi	名（n.）	wife
4.	亲爱的	qīn'ài de		dear; sweetheart
5.	加班	jiā bān		to work overtime
6.	丈夫	zhàngfu	名（n.）	husband
7.	没关系	méi guānxi		doesn't matter
8.	天天	tiāntiān	副（adv.）	everyday
9.	又……又……	yòu……yòu……		both...and...
10.	省事	shěng shì		to avoid
11.	先	xiān	副（adv.）	first
12.	提醒	tíxǐng	动（v.）	to remind; to warn
13.	也许	yěxǔ	副（adv.）	maybe

87

句型 Pattern Drills

● **46.1 最重要的是……**

wèishēng
卫生

xīnxiān
新鲜

gǎnqíng
感情

xìnyòng
信用

jiànkāng　　xuéxí　　àiqíng　　zhìliàng
健康　／　学习　／　爱情　／　质量

● **46.2 天天……**

kāi yèchē
开夜车

kàn lùxiàng
看录像

wánr yóuxìjī
玩儿游戏机

bù shuā yá
不刷牙

● **46.3 又……又……**

(Zhè ge diànyǐng) yòu jīngxiǎn yòu cìjī.
（这 个 电影）又 惊险 又 刺激。

(Wǒ de qīzi) yòu nénggàn yòu xiánhuì.
（我 的 妻子）又 能 干 又 贤惠。

(Xiǎo sūnzi) yòu xiǎng wánr yòu hàipà.
（小孙子）又想玩儿又害怕。

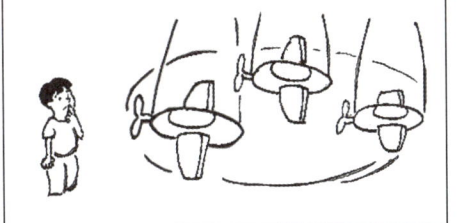

(Tā de sūnnǚ) yòu ài shuō yòu ài xiào.
（他的孙女）又爱说又爱笑。

生词 New Words

1.	卫生	wèishēng	形（adj.）	clean; sanitary
2.	新鲜	xīnxiān	形（adj.）	fresh
3.	感情	gǎnqíng	名（n.）	feeling; affection
4.	信用	xìnyòng	名（n.）	credit
5.	开夜车	kāi yèchē		to stay up late
6.	录像	lùxiàng	名（n.）	video
7.	游戏机	yóuxìjī	名（n.）	video game machine
8.	刷	shuā	动（v.）	to brush
9.	惊险	jīngxiǎn	形（adj.）	thrilling
10.	能干	nénggàn	形（adj.）	capable
11.	贤惠	xiánhuì	形（adj.）	(women) virtuous
12.	孙子	sūnzi	名（n.）	grand son (paternal)
13.	孙女	sūnnǚ	名（n.）	grand daughter (paternal)

练习 Exercises

◇ **听读听写** Repetition and Dictation

◇1. 用慢速和中速跟读课文录音 (Follow the text tape and repeat at a slow and medium pace)。

◆ 2. 听录音，写句子 (Write down the sentences you hear)。

◆ 词汇语法　　Vocabulary and Grammar

◆ 1. 填空完成句子 (Fill in the blanks to complete the sentences):
（1）她的男朋友又____又____。
（2）今天的作业又____又____。
（3）孩子们高兴得又____又____。
（4）今天的天气很不好，又____又____。
（5）当妈妈很不容易，又____又____。

◆ 2. 按照你的观点选择填空 (Make a choice and fill in the blanks according to your opinion):
（1）找女朋友，最重要的是_____。
　　A. 漂亮　　　B. 贤惠　　　C. 能干　　　D. ……
（2）找工作，最重要的是_____。
　　A. 自己喜欢　B. 钱多　　　C. 不累　　　D. ……
（3）买鞋最重要的是_____。
　　A. 好看　　　B. 舒服　　　C. 便宜　　　D. ……
（4）减肥最重要的是_____。
　　A. 少吃　　　B. 锻炼　　　C. 坚持吃药　D. ……
（5）学汉语最重要的是_____。
　　A. 认识汉字　B. 练习口语　C. 学会语法　D. ……

◆ 活学活用　　Learn and Use

◆ 1. 回答问题 (Answer the questions):
（1）你常吃方便面吗？为什么？
（2）说说方便面的好处和坏处。
（3）你的男（女）朋友常常加班，你怎么办？

◇ 2. 讨论 (Discussion):

吃与健康。

 Translation

翻译下面的短文 (Translate the following paragraph into Chinese):

The wife has to work overtime this evening and she can't come back to cook supper for her husband. Her husband said: "It doesn't matter. I can eat instant noodles this evening. It's convenient and I don't have to do dishes either." "Do you think so?" The wife said. "I'd better warn you first, you might have to eat instant noodles tomorrow, too."

◇ 汉字书写 Write the Characters

卫	乛	卫	卫				
录	乛	彐	彐	寻	寻	寻	录
省	丶	丷	少	少	尐	省	省	省
班	一	二	丅	王	王	玎	玕	玨	班	班

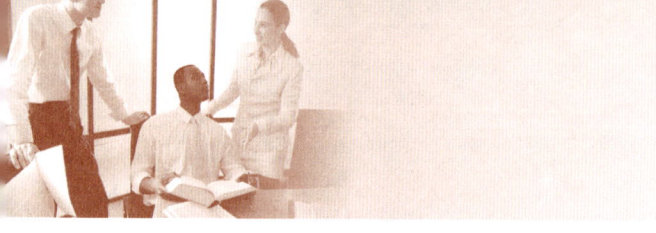

◇ 语音练习　*Pronunciation*

◇ 读下面的词语，注意读音变化 (Read the following sentences and pay attention to the different tones of the words):

1. 漂漂亮亮 piāopiaoliāngliāngr (very beautiful)

2. 痛痛快快 tòngtongkuāikuāir ((do something) to one's heart content)

第四十七课　我又怕冷又怕热
Dì-sìshíqī kè　Wǒ yòu pà lěng yòu pà rè

课文 Text

罗西 Luóxī: 你不是北方人吧?
Nǐ bú shì běifāngrén ba?

王兰 Wáng Lán: 我是从南京来的。
Wǒ shì cóng Nánjīng lái de.

罗西 Luóxī: 南京的气候怎么样?
Nánjīng de qìhòu zěnmeyàng?

王兰 Wáng Lán: 和上海差不多。
Hé Shànghǎi chàbuduō.

罗西 Luóxī: 南京好玩儿的地方多吗?
Nánjīng hǎowánr de dìfang duō ma?

王兰 Wáng Lán: 南京是一座古城。
Nánjīng shì yí zuò gǔchéng.

罗西 Luóxī: 我想去看看。你说暑假去好呢,还是寒假去好?
Wǒ xiǎng qù kànkan. Nǐ shuō shǔjià qù hǎo ne, háishi hánjià qù hǎo?

王兰 Wáng Lán: 南京冬天冷,夏天热。
Nánjīng dōngtiān lěng, xiàtiān rè.

罗西 Luóxī: 我又怕冷又怕热,怎么办?
Wǒ yòu pà lěng yòu pà rè, zěnme bàn?

王兰 Wáng Lán: 你可以黄金周的时候去呀!
Nǐ kěyǐ huángjīnzhōu de shíhou qù ya!

Lesson Forty-seven   I hate both cold and hot.

Luoxi:　　You're not a Northerner, are you?

Wang Lan: I'm from Nanjing.

Luoxi:　　How is the climate in Nanjing?

Wang Lan: About the same as Shanghai.

Luoxi:　　Are there many interesting places to visit in Nanjing?

Wang Lan: Nanjing is an old city.

Luoxi: I would like to see Nanjing. Do you think it's better to go during summer vacation or during winter vacation?

Wang Lan: In Nanjing, it's cold in winter and hot in summer.

Luoxi: I hate both cold and hot. What should I do?

Wang Lan: You can go during the Golden Weeks.

生词 New Words

1.	北方	běifāng	名 (n.)	the north
2.	南京	Nánjīng		Nanjing
3.	气候	qìhòu	名 (n.)	climate
4.	差不多	chàbuduō		about the same
5.	好玩儿	hǎowánr	形 (adj.)	fun; interesting
6.	地方	dìfang	名 (n.)	place
7.	座	zuò	量 (m.)	for buildings, mountains, bridges, etc.
8.	古城	gǔchéng	名 (n.)	old city
9.	暑假	shǔjià	名 (n.)	summer vacation
10.	寒假	hánjià	名 (n.)	winter vacation
11.	黄金周	huángjīnzhōu		the Golden Week (the two week-long holidays for National Day and Labor Day)

句型 Pattern Drills

 47.1 你不是……吧？

Guǎngdōngrén	Tiānjīnrén	Sìchuānrén	Tāiwānrén
广东人	天津人	四川人	台湾人

47.2 和……差不多

(Zhè tiáo pídài) hé nà tiáo chàbuduō.
(这条 皮带)和那条 差不多。

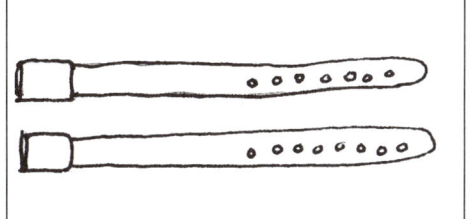

(Tā de gèzi) hé wǒ chàbuduō.
(她的个子)和我差不多。

(Yuánxiāo de yàngzi) hé pīngpāngqiú chàbuduō.
(元宵 的 样子)和 乒乓球 差不多。

(Jīnnián de wùjià) hé qùnián chàbuduō.
(今年 的 物价)和去年 差不多。

47.3 ……好呢，还是……好？

Qù Xiānggǎng hǎo ne, háishi qù Táiwān hǎo?
去 香港 好 呢，还是去 台湾 好？

Xué wénxué hǎo ne, háishi xué lìshǐ hǎo?
学 文学 好 呢，还是 学 历史 好？

Xiě xìn hǎo ne, háishi fā diànzǐ yóujiàn hǎo?
写 信 好 呢，还是 发 电子 邮件 好？

Mǎi táo hǎo ne, háishi mǎi cǎoméi hǎo?
买 桃 好 呢，还是 买 草莓 好？

生词 New Words

1. 广东　　Guǎngdōng　　　　　　　　　　Guangdong Province
2. 天津　　Tiānjīn　　　　　　　　　　　　Tianjin (city)
3. 四川　　Sìchuān　　　　　　　　　　　Sichuan Province
4. 台湾　　Táiwān　　　　　　　　　　　　Taiwan
5. 皮带　　pídài　　　　名 (n.)　　　　leather belt
6. 个子　　gèzi　　　　　名 (n.)　　　　height
7. 元宵　　yuánxiāo　　名 (n.)　　　　sweet dumpling
8. 乒乓球　pīngpāngqiú　名 (n.)　　　　ping-pong ball
9. 物价　　wùjià　　　　名 (n.)　　　　price
10. 香港　　Xiānggǎng　　　　　　　　　　Hong Kong
11. 文学　　wénxué　　　名 (n.)　　　　literature
12. 发　　　fā　　　　　　动 (v.)　　　　to send
13. 电子邮件　diànzǐ yóujiàn　名 (n.)　　e-mail
14. 草莓　　cǎoméi　　　名 (n.)　　　　strawberry

练 习　Exercises

◆ 听读听写　Repetition and Dictation

◇1. 用慢速和中速跟读课文录音 (Follow the text tape and repeat at a slow and medium pace)。

◇2. 听录音，写句子 (Write down the sentences you hear)。

◆ 词汇语法　Vocabulary and Gramma

◇1. 指出下列省(市)或城市在中国地图上的位置 (Point out the following provinces and cities on the map of China):

北京、天津、上海、南京、香港、四川、广东、台湾

◇ 2. 模仿例词写出下列词语的拼音，然后写出它的反义词和拼音 (Write the pinyin of the following words according the example, then write these words' antonyms and their pinyin):

	拼音	反义词	拼音
近	jìn	远	yuǎn
苦			
难			
长			
肥			
危险			
讨厌			

◆ 活学活用 　Learn and Use

◇ 旅游计划 (Travel plans):
　　包括：时间、地点、路线（line）、费用（expenses）、装备（outfit）

翻 译 练 习　Translation

翻译下面的短文 (Translate the following paragraph into Chinese):

　　Luoxi would like to travel to Nanjing. He asked Wang Lan who is from Nanjing how the climate is in Nanjing. Wang Lan said that winters are cold and summers are hot. Luoxi said that he hates both cold and hot. Wang Lan said he'd better go to Nanjing during the Golden Week.

汉字书写 Write the Characters

| 兵 | ノ | 厂 | F | 斤 | 丘 | 兵 |

| 多 | ノ | ク | 夕 | 夕 | 多 | 多 |

| 别 | 丨 | 口 | 口 | 弓 | 另 | 别 | 别 |

| 差 | ` | `` | 丷 | 兰 | 兰 | 羊 | 差 | 差 | 差 |

语音练习 Pronunciation

◇ 读下面的句子，注意划线词语的读音变化 (Read the following sentences and pay attention to the different tones of the underlined words):

      Tīng māma de huà, Ā!
1. 听 妈妈 的 话，<u>啊</u>! (Listen to your mom, OK?)

   Á?   Nǐ shuō shénme?
2. <u>啊</u>? 你 说 什么? (What are you saying?)

   Ǎ?   Zhè shì zěnme huíshì?
3. <u>啊</u>? 这 是 怎么 回事? (What's the matter?)

   À!   Yuánlái shì nǐ!
4. <u>啊</u>! 原来 是 你! (Oh, it's you!)

第四十八课 最好在家睡觉
Dì-sìshíbā kè Zuìhǎo zài jiā shuì jiào

课文 · Text

丈夫: 黄金周你们歇几天?
Zhàngfu: Huángjīnzhōu nǐmen xiē jǐ tiān?

妻子: 加倒休,连休七天。
Qīzi: Jiā dǎoxiū, liánxiū qī tiān.

丈夫: 我们跟你们一样,也休七天。
Zhàngfu: Wǒmen gēn nǐmen yíyàng, yě xiū qī tiān.

妻子: 太好了!我们一起去青岛旅行吧。
Qīzi: Tài hǎo le! Wǒmen yìqǐ qù Qīngdǎo lǚxíng ba.

丈夫: 好哇!你不是一直想去青岛吗?
Zhàngfu: Hǎo wa! Nǐ búshì yìzhí xiǎng qù Qīngdǎo ma?

妻子: 我们怎么去?坐飞机还是坐船?
Qīzi: Wǒmen zěnme qù? Zuò fēijī háishi zuò chuán?

丈夫: 坐飞机太贵。
Zhàngfu: Zuò fēijī tài guì.

妻子: 那就坐船去?
Qīzi: Nà jiù zuò chuán qù?

丈夫: 坐船太累。最好……
Zhàngfu: Zuò chuán tài lèi. Zuìhǎo……

妻子: 最好在家睡觉。
Qīzi: Zuìhǎo zài jiā shuì jiào.

Lesson Forty-eight   We'd better sleep at home.

Husband: How many days do you have off for the Golden Week holidays?

Wife: Seven days.

Husband: We are just like you, we have seven days off too.

Wife: Great! Let's travel to Qingdao!

Husband: Good! Haven't you always wanted to go to Qingdao?

Wife: How should we go? By plane or by boat?

Husband: It's too expensive by plane.

Wife: Then let's go by boat.
Husband: We'll be too tired if we go by boat, we'd better...
Wife: We'd better sleep at home.

生词 New Words

1.	歇	xiē	动 (v.)	to rest
2.	加	jiā	动 (v.)	to add
3.	倒休	dǎoxiū	动 (v.)	to reschedule a rest day
4.	连休	liánxiū	动 (v.)	to have continuous rest days
5.	跟……一样	gēn……yíyàng		same as
6.	休	xiū	动 (v.)	to rest
7.	青岛	Qīngdǎo		Qingdao (city)
8.	一直	yìzhí	副 (adv.)	always; all along
9.	飞机	fēijī	名 (n.)	airplane
10.	船	chuán	名 (n.)	boat

句型 Pattern Drills

 48.1 跟……一样，也……

(Wǒ) gēn tā yíyàng, yě cháng kuàng kè.
（我）跟他一样，也常旷课。

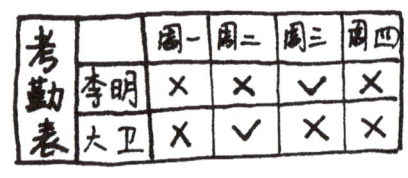

(Tā) gēn nǐ yíyàng, yě xǐhuan huá xuě.
（他）跟你一样，也喜欢滑雪。

(Xiǎo Wáng) gēn tā yíyàng, yě ài guàng jiē.
(小王) 跟她一样，也爱逛街。

(Mèimei) gēn wǒ yíyàng, yě bù chī dòufu.
(妹妹) 跟我一样，也不吃豆腐。

48.2 不是……吗？

(Nǐmen) búshì jiàn guo miàn ma?
(你们) 不是见过面吗？

(Tā) búshì qù Ōuzhōu le ma?
(他) 不是去欧洲了吗？

(Nà) búshì nǐ de zìdiǎn ma?
(那) 不是你的字典吗？

(Tā jiějie) búshì lí hūn le ma?
(他姐姐) 不是离婚了吗？

48.3 怎么……？

(Bǐjìběn diànnǎo) zěnme yòng?
(笔记本电脑) 怎么用？

(Zhè xīhóngshì) zěnme mǎi?
(这西红柿) 怎么卖？

生词 New Words

1.	常	cháng	副 (adv.)	often
2.	旷课	kuàng kè		to cut classes
3.	滑雪	huá xuě		to ski
4.	街	jiē	名 (n.)	street
5.	豆腐	dòufu	名 (n.)	bean curd
6.	见面	jiànmiàn		to meet
7.	欧洲	Ōuzhōu		Europe
8.	字典	zìdiǎn	名 (n.)	dictionary
9.	离婚	lí hūn		to divorce
10.	笔记本电脑	bǐjìběn diànnǎo	名 (n.)	notebook computer
11.	西红柿	xīhóngshì	名 (n.)	tomato
12.	道	dào	量 (m.)	for orders, questions, procedures, etc.
13.	录像机	lùxiàngjī	名 (n.)	video tape recorder

◇ 听读听写 Repetition and Dictation

◇ 1. 用慢速和中速跟读课文录音 (Follow the text tape and repeat at a slow and

medium pace)。

◇ 2. 听录音，写句子 (Write down the sentences you hear)。

◆ **词汇语法** *Vocabulary and Gramma*

◇ 按照例句就下面的句子选择 "谁"、"什么"、"怎么"、"哪个"、"哪儿"、"为什么" 等疑问词提问 (Ask questions with "谁"、"什么"、"怎么"、"哪个"、"哪儿"、"为什么" according to the example)：

例句：玛丽昨天和布莱尔一起坐公共汽车去意大利饭馆吃比萨饼。
　　（1）玛丽和布莱尔昨天去<u>哪儿</u>了？
　　（2）她们<u>怎么</u>去的？
　　（3）她们吃的是<u>什么</u>？
　　（4）……

1. 妻子想和丈夫一起去青岛旅行，丈夫说坐船去太累，坐飞机太贵。
2. 刘丽的爷爷想学习用电脑，刘丽说每天晚上可以教他。
3. 伍松羊肉串儿吃多了，肚子疼得厉害，只好去医院看病。

◆ **活学活用** *Learn and Use*

◇ 1. 说说你最想去旅行的地方 (Talk about one place that you most want to travel to)。

◇ 2. 介绍中国或其他国家的一个旅游胜地 (Introduce a traveling destination in China or in an other country)。

◆ **课堂游戏** *Game*

哑剧表演（Mime）

分组编剧情，然后每组用哑剧方式表演，表演结束后其他组同学描述剧情内容。

Make up a Mime in groups, then perform it. Other students must describe the show in detail.

 Translation

翻译下面的句子 (Translate the following sentences into Chinese):
1. He is just like his father; he doesn't like to talk either.
2. Haven't you bought a new dress? Why aren't you wearing it?
3. How do you cook bean curd?

◇ 汉字书写　Write the Characters

◇ 语音练习　Pronunciation

◇ 读下面的句子，注意划线词语的不同读音 (Read the following sentences and pay attention to the different tones of the underlined words):

Wǒ díquè xiǎng zhīdào nǐ zhème zuò de mùdì.
我 的确 想 知道 你 这么 做 的 目的。
(I definitely want to know your purpose in doing this.)

104

第四十九课 他们只送了我一包纸巾
Dì-sìshíjiǔ kè Tāmen zhǐ sòngle wǒ yī bāo zhǐjīn

课文 Text

玛丽 Mǎlì: 小龙，什么叫"九五折"呢？
Xiǎolóng, shénme jiào "jiǔwǔzhé" ne?

李小龙 Lǐ Xiǎolóng: 就是降价百分之五。比如说，你买一百块钱的东西，只收你九十五块。
Jiùshì jiàng jià bǎi fēn zhī wǔ. Bǐrú shuō, nǐ mǎi yìbǎi kuài qián de dōngxi, zhǐ shōu nǐ jiǔshíwǔ kuài.

玛丽 Mǎlì: 那"买一送一"怎么解释？
Nà "mǎi yī sòng yī" zěnme jiěshì?

李小龙 Lǐ Xiǎolóng: 你买什么东西，就送你相同的一件东西。
Nǐ mǎi shénme dōngxi, jiù sòng nǐ xiāngtóng de yí jiàn dōngxi.

玛丽 Mǎlì: 不一定吧！我上周买了个随身听，他们只送了我一包纸巾。
Bù yídìng ba! Wǒ shàngzhōu mǎile ge suíshēntīng, tāmen zhǐ sòngle wǒ yì bāo zhǐjīn.

Lesson Forty-nine   They just gave me a pack of tissues.

Mali: Xiaolong, what does "jiu wu zhe" mean?

Li Xiaolong: It's a 5 percent discount. For example, if you buy 100 yuan's worth, you pay only 95 yuan.

Mali: Then how do you explain "buy one and give one"?

Li Xiaolong: You buy one thing and get another free.

Mali: Not necessarily. I bought a Walkman last week and they just gave me a pack of tissues.

生词 New Words

1.	包	bāo	量 (m.)	a pack
2.	纸巾	zhǐjīn	名 (n.)	tissue
3.	折	zhé	名 (n.)	discount
4.	降价	jiàng jià		to lower prices
5.	百分之……	bǎi fēn zhī……		…percent
6.	比如说	bǐrúshuō		for example
7.	解释	jiěshì	动 (v.)	to explain
8.	相同	xiāngtóng	形 (adj.)	same
9.	不一定	bù yídìng		not necessarily
10.	上周	shàngzhōu	名 (n.)	last week
11.	随身听	suíshēntīng	名 (n.)	Walkman

句型 Pattern Drills

 49.1 什么叫……呢？

shuǎimài	dǎkuǎn	chóu bīn	chǎo yóuyú
甩卖	大款	酬宾	炒鱿鱼

 **49.2** 降价……

bǎi fēn zhī sān	bǎi fēn zhī shíwǔ	bǎi fēn zhī èrshí	bǎi fēn zhī jiǔshíjiǔ
百分之三	百分之十五	百分之二十	百分之九十九

  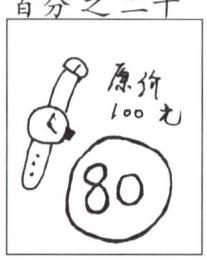 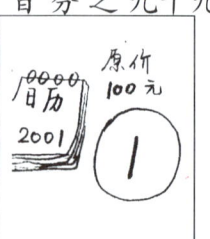

49.3 ……怎么解释？

zhè tiáo chéngyǔ
这 条 成语

zhè jù sú huà
这 句 俗话

nǐ quē kè sān tiān
你 缺 课 三 天

tā wúgù dǎ rén
他 无 故 打 人

生词 New Words

1.	甩卖	shuǎimài	动 (v.)	to have a clearance sale
2.	大款	dàkuǎn	名 (n.)	rich man
3.	酬宾	chóu bīn		to reward the customer
4.	炒鱿鱼	chǎo yóuyú		to fire, to discharge
5.	成语	chéngyǔ	名 (n.)	idiom
6.	俗话	súhuà	名 (n.)	a saying
7.	缺课	quē kè		to be absent from class
8.	无故	wúgù	副 (adv.)	without reason

练习 Exercises

听读听写 Repetition and Dictation

◇1. 用慢速和中速跟读课文录音 (Follow the text tape and repeat at a slow and medium pace)。

◇2. 听录音，写句子 (Write down the sentences you hear)。

◆ 词汇语法　　*Vocabulary and Gramma*

◇1. 给下面的字注音，并组成词（Write the pronunciation of the following characters and make a word）:

情（　　　　）　岁（　　　　）　爱（　　　　）
请（　　　　）　发（　　　　）　受（　　　　）

朋（　　　　）　第（　　　　）　东（　　　　）
明（　　　　）　弟（　　　　）　车（　　　　）

炼（　　　　）　赶（　　　　）　休（　　　　）
练（　　　　）　起（　　　　）　体（　　　　）

近（　　　　）　蓝（　　　　）　堂（　　　　）
进（　　　　）　篮（　　　　）　常（　　　　）

◇2. 完成下面的问话（Complete the following dialogue）:
　　（1）_____怎么吃？
　　（2）_____怎么用？
　　（3）_____怎么写？
　　（4）_____怎么回答？
　　（5）_____用汉语怎么说？

◆ 活学活用　　*Learn and Use*

◇1. 列一个一周购物清单，算算你一周要花多少钱（Make a shopping list for the week and calculate how much you must spend in one week）。

◇2. 你认为在什么情况下商品会打折？为什么？（Under what circumstances do you think a goods would be discounted? Why?）

翻译练习 Translation

翻译下面的句子 (Translate the following sentences into Chinese):

1. What does "to fry cuttlefish" mean?
2. This kind of computer has a ten-percent discount.
3. How do you explain this word?

汉字书写 Write the Characters

甩	丿	冂	月	月	甩		

定	丶	丷	宀	宀	宁	宁	定	定

周	丿	冂	用	用	用	周	周

降	丂	阝	阝	阝	阹	隆	降

语音练习 Pronunciation

◇ 读下面的句子，注意划线词语的不同读音 (Read the following sentences and pay attention to the different tones of the underlined words):

　　Wǒ děi zǒu le.
1. 我 得 走 了。(I must go.)

　　Wǒmen dé le dìyī.
2. 我们 得 了 第一。(We got first place.)

　　Jīnnián xiàtiān rè de hěn.
3. 今年 夏天 热 得 很。(It's really hot this summer.)

109

第五十课 有一个半个烂的是难免的
Dì-wǔshí kè Yǒu yí ge bàn ge làn de shì nánmiǎn de

课文 Text

小贩 Xiǎofàn： 快来瞧，快来买，
Kuài lái qiáo, kuài lái mǎi,

来晚了就没了！
lái wǎn le jiù méi le!

安娜 Ānnà： 这芦柑甜吗？
Zhè lúgān tián ma?

小贩 Xiǎofàn： 我的芦柑个个甜，
Wǒ de lúgān gègè tián,

不甜不要钱。
bù tián bú yào qián.

安娜 Ānnà： 真的吗？
Zhēn de ma?

小贩 Xiǎofàn： 你可以先尝后买。来，自己挑一个尝尝。
Nǐ kěyǐ xiān cháng hòu mǎi. Lái, zìjǐ tiāo yí ge chángchang.

安娜 Ānnà： 哟！这芦柑怎么是烂的？
Yō! Zhè lúgān zěnme shì làn de?

小贩 Xiǎofàn： 嗨！这么多芦柑，有一个半个烂的是难免的。
Hài! Zhème duō lúgān, yǒu yí ge bàn ge làn de shì nánmiǎn de.

Lesson Fifty It's hard to avoid having some rotten ones.

Vendor: Come see! Come buy! Nothing left if you come late!

Anna: Is this orange sweet?

Vendor: All my oranges are sweet. If it's not sweet, don't pay.

Anna: You mean it?

Vendor: You can try first and buy later. Come on! Chose one yourself and taste it!

Anna: Oh! Why is this orange rotten?

Vendor: Oh! With this many oranges, it's hard to avoid having some rotten ones.

生词 New Words

1.	烂	làn	形 (adj.)	rotten
2.	难免	nánmiǎn	形 (adj.)	hard to avoid
3.	小贩	xiǎofàn	名 (n.)	street vendor, pedlar
4.	芦柑	lúgān	名 (n.)	a kind of orange
5.	个个	gègè		every
6.	挑	tiāo	动 (v.)	choose
7.	哟	yō	叹 (int.)	Whoa! /Oh my!
8.	嗨	hāi	叹 (int.)	oh

句型 Pattern Drills

50.1 这……甜吗？

hāmìguā 哈密瓜
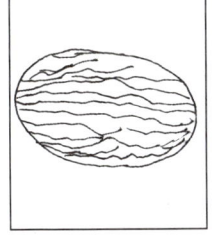

míhóutáo 猕猴桃

shìzi 柿子

pútao 葡萄

50.2 个个……

yǒu běnshi 有 本事

yǒu jìshù 有 技术

yǒu wénhuà 有 文化

yǒu tècháng 有 特长

50.3 先……后……

Xiān jiāo fèi, hòu kǎoshì.
先 交 费，后 考试。

Xiān bǐshì, hòu kǒushì.
先 笔试，后 口试。

Xiān guà hào, hòu kàn bìng.
先 挂 号，后 看 病。

Xiān chī fàn, hòu jié zhàng.
先 吃 饭，后 结 账。

生词 New Words

1.	哈密瓜	hāmìguā	名 (n.)	Hami Melon
2.	猕猴桃	míhóutáo	名 (n.)	kiwi
3.	柿子	shìzi	名 (n.)	persimmon
4.	本事	běnshi	名 (n.)	ability; talent
5.	技术	jìshù	名 (n.)	skill
6.	文化	wénhuà	名 (n.)	education level
7.	特长	tècháng	名 (n.)	speciality
8.	费	fèi	名 (n.)	fee
9.	笔试	bǐshì	名 (n.)	written test
10.	口试	kǒushì	名 (n.)	spoken test
11.	挂号	guà hào		to register
12.	结账	jié zhàng		to pay; settle account

练习 Exercises

听读听写 *Repetition and Dictation*

1. 用慢速和中速跟读课文录音 (Follow the text tape and repeat at a slow and medium pace)。

2. 听录音，写句子 (Write down the sentences you hear)。

词汇语法 *Vocabulary and Gramma*

用给出的词完成句子 (Complete the following sentences with the given words):
1. 我们班的同学 ＿＿＿＿＿＿＿＿＿＿＿＿＿＿＿＿＿。（个个）
2. 你要看病吗？＿＿＿＿＿＿＿＿＿＿＿＿＿＿。（先……再……）
3. ＿＿＿＿＿＿＿＿＿＿＿＿＿＿，也不太会用电脑。（跟……一样）
4. 我真不知道上什么课好，你说＿＿＿＿＿＿＿＿。（……好呢，还是……好）
5. 别生气了，＿＿＿＿＿＿＿＿＿＿＿＿＿＿。（……比什么都重要）
6. 她又哭了，＿＿＿＿＿＿＿＿＿＿＿＿＿＿。（一……就……）
7. 我今天不能上课了，＿＿＿＿＿＿＿＿＿＿。（……得厉害）
8. 我的汉语有进步，＿＿＿＿＿＿＿＿＿＿＿＿。（比）
9. 她很会穿衣服，＿＿＿＿＿＿＿＿＿＿＿＿＿。（显得）
10. 我想去商店，＿＿＿＿＿＿＿＿＿＿＿＿＿＿。（给……买……）

活学活用 *Learn and Use*

作文：记一次买东西的经过 (Composition: A shopping experience)。

113

 *Translation*

翻译下面的句子 (Translate the following sentences into Chinese):
1. Is this kiwi sour?
2. All of my friends are fond of hiking.
3. First you take the exam, and then choose courses.

◇ 汉字书写　*Write the Characters*

柑	一	十	才	木	木	朴	柑	柑	柑

费	一	二	弓	弗	弗	弗	弗	费	费

挑	一	丁	扌	扫	扫	扫	扎	挑	挑

哟	丨	口	口	叶	吆	吆	唠	哟	哟

◇ 语音练习　*Pronunciation*

◇ 朗读下面的民歌，并学会演唱 (Read the folk song and learn to sing):

Xiān qǐ nǐ de gàitóu lái
掀 起 你 的 盖 头 来

Xiān qǐ nǐ de gàitóu lái,
掀 起 你 的 盖 头 来，

ràng wǒ kànkan nǐ de méi.
让 我 看看 你 的 眉。

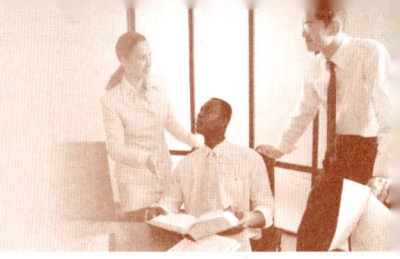

Nǐ de méi'ér xì yōu cháng a,
你 的 眉儿 细 又 长 啊，
hǎoxiàng nà shù shang de wān yuèliang.
好像 那 树 上 的 弯 月亮。
Nǐ de méi'ér xì yōu cháng a,
你 的 眉儿 细 又 长 啊，
hǎoxiàng nà shù shang de wān yuèliang.
好像 那 树 上 的 弯 月亮。

第五十一课　我可没有你那福气
Dì-wǔshíyī kè　Wǒ kě méiyǒu nǐ nà fúqi

课文　Text

王兰：刘丽，听说你有男朋友了？
Wáng Lán: Liú Lì, tīngshuō nǐ yǒu nánpéngyou le?

怎么连我都不告诉？
Zěnme lián wǒ dōu bú gàosu?

刘丽：我们是刚刚认识的。
Liú Lì: Wǒmen shì gānggāng rènshi de.

王兰：他有多高？
Wáng Lán: Tā yǒu duō gāo?

刘丽：一米八一。
Liú Lì: Yì mǐ bā yī.

王兰：肯定是个帅哥儿。
Wáng Lán: Kěndìng shì ge shuàigēr.

刘丽：长得一般，不过挺讨人喜欢的，而且对我很好。
Liú Lì: Zhǎng de yìbān, búguò tǐng tǎo rén xǐhuan de, érqiě duì wǒ hěn hǎo.

王兰：看来你对他是一见钟情了？
Wáng Lán: Kànlái nǐ duì tā shì yíjiànzhōngqíng le?

刘丽：别光说我，你现在怎么样？
Liú Lì: Bié guāng shuō wǒ, nǐ xiànzài zěnmeyàng?

王兰：我可没有你那福气。
Wáng Lán: Wǒ kě méiyǒu nǐ nà fúqi.

Lesson Fifty-one　I'm not as lucky as you.

Wang Lan: Liu Li, I hear that you have got a boyfriend? How come you didn't even tell me?

Liu Li: We just met.

Wang Lan: How tall is he?

Liu Li: 181cm.

Wang Lan: He must be a handsome boy.
Liu Li: He looks average but is very likable and he is very kind to me.
Wang Lan: It seems that for you it was love at first sight.
Liu Li: Don't just talk about me. What about you now?
Wang Lan: I'm not as lucky as you.

生词 New Words

1. 福气 fúqi 名 (n.) happy lot; good fortune
2. 连……都…… lián……dōu…… even
3. 刚刚 gānggāng 副 (adv.) just
4. 肯定 kěndìng 副 (adv.) definitely; surely
5. 帅哥儿 shuàigēr 名 (n.) handsome boy
6. 讨 tǎo 动 (v.) to incur; to invite
7. 而且 érqiě 连 (conj.) …and…; moreover; but (also)
8. 看来 kànlái 连 (conj.) it seems
9. 一见钟情 yíjiànzhōngqíng to fall in love at first sight

句型 Pattern Drills

51.1 连……都……

(Zhè jiàn shì) lián chǎngzhǎng dōu bù zhīdào.
（这件事）连 厂长 都不知道。

(Tā) lián lǎoshī de àihào dōu shífēn qīngchu.
（他）连 老师的 爱好 都 十分 清楚。

<Nǐ) lián zhè ge cí dōu méi xuéguo?
(你) 连 这 个 词 都 没 学过?

(Nǐ) zěnme lián bèizi dōu bù dié?
(你) 怎么 连 被子 都 不 叠?

● 51.2 ……有多……?

Cóng zhèr dào hǎibiān yǒu duō yuǎn?
从 这儿 到 海边 有 多 远?

Nǐ de lǚxíngxiāng yǒu duō zhòng?
你 的 旅行箱 有 多 重?

Nà běn zìdiǎn yǒu duō hòu?
那 本 字典 有 多 厚?

Nǐ jiā de chúfáng yǒu duō dà?
你 家 的 厨房 有 多 大?

 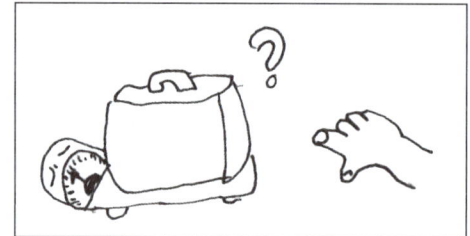

● 51.3 ……,而且……

Tā huì shuō Fǎyǔ, érqiě shuō de hěn hǎo.
她 会 说 法语,而且 说 得 很 好。

Zhè piān wénzhāng hěn cháng, érqiě tèbié nán.
这 篇 文章 很 长,而且 特别 难。

Zhèli dōngtiān hěn lěng, érqiě cháng guā dàfēng. Tā xǐhuan chī ròu, érqiě měi cì chī hěn duō.
这里冬天很冷,而且常刮大风。他喜欢吃肉,而且每次吃很多。

生词 New Words

1.	厂长	chǎngzhǎng	名 (n.)	director of a factory
2.	爱好	àihào	动、名 (v./n.)	to love; to be fond of; hobby
3.	十分	shífēn	副 (adv.)	very; extremely
4.	清楚	qīngchu	形 (adj.)	clear
5.	词	cí	名 (n.)	word
6.	叠	dié	动 (v.)	to fold
7.	海边	hǎibiān	名 (n.)	seaside
8.	旅行箱	lǚxíngxiāng	名 (n.)	(travelling) suitcase
9.	厚	hòu	形 (adj.)	thick (not for liquids)
10.	厨房	chúfáng	名 (n.)	kitchen
11.	法语	Fǎyǔ	名 (n.)	the French language
12.	篇	piān	量 (m.)	for a paper, article, homework etc.
13.	文章	wénzhāng	名 (n.)	article
14.	特别	tèbié	副、形 (adv./adj.)	special; especially
15.	肉	ròu	名 (n.)	meat
16.	每	měi	代 (pron.)	every

练习 Exercises

听读听写 Repetition and Dictation

◇1. 用慢速和中速跟读课文录音 (Follow the text tape and repeat at a slow and medium pace)。

◇2. 听录音，写句子 (Write down the sentences you hear)。

词汇语法 Vocabulary and Grammar

◇用指定的词语回答问题 (Answer the questions with the given words):

1. A. 你能给这位日本朋友当翻译吗？
   B. _____。（连……都……）

2. A. 你去过西藏 (Xīzàng; Tibet) 吗？
   B. _____。（连……都……）

3. A. 今天阴天。
   B. _____。（看来……）

4. A. 他这几天一直没来上课。
   B. _____。（看来……）

5. A. 王兰的男朋友怎么样？
   B. _____。（……，而且……）

6. A. 北京的天气怎么样？
   B. _____。（……，而且……）

活学活用 Learn and Use

◇1. 介绍你认识或喜欢的一位帅哥儿或漂亮的姑娘 (Introduce a handsome boy or beautiful girl whom you know or like)。

◇ 2. 编剧并表演 "一见钟情"（Write and performe: Fall in love at first sight）。

翻 译 练 习 *Translation*

翻译下面的短文（Translate the following paragraph into Chinese）:

Liu Li has got a boyfriend. She just met him. Liu Li said that he looks average but is very likable and he is very kind to her. It seems that for Liu Li it was love at first sight.

◇ 汉字书写 *Write the Characters*

语音练习 *Pronunciation*

◇ 读下面的句子，注意划线词语的不同读音（Read the following sentences and pay attention to the different pronunciations of the underlined words）:

    Wǒ hé péngyou dǎ májiàng, zhǐ hú le yī bǎ.
1. 我 和 朋友 打 麻将，只 和 了 一 把。
    (I played mahjong with my friends, I only won once.)

     Nǐ huó miàn, wǒ huó xiànr.
2. 你 <u>和</u> 面，我 <u>和</u> 馅儿。（You mix the flour, I mix the stuffing.）
   Jīnnián chūntiān Běijīng hěn nuǎnhuo.
3. 今年 春天 北京 很 暖<u>和</u>。（This year, Beijing's springtime is warm.）

第五十二课　赶紧把屋子收拾一下儿
Dì-wǔ shí'èr kè　Gǎnjǐn bǎ wūzi shōushi yíxiàr

课文 Text

王兰：你干吗呢？
Wáng Lán: Nǐ gànmá ne?

刘丽：我听流行歌曲呢。
Liú Lì: Wǒ tīng liúxíng gēqǔ ne.

王兰：暂停！赶紧把屋子收拾一下儿，待会儿有客人来。
Wáng Lán: Zàntíng! Gǎnjǐn bǎ wūzi shōushi yíxiàr, dāihuìr yǒu kèrén lái.

刘丽：客人？什么客人？男的女的？
Liú Lì: Kèrén? Shénme kèrén? Nán de nǚ de?

王兰：一个朋友，是男的。
Wáng Lán: Yí ge péngyou, shì nán de.

刘丽：是男朋友吧？什么时候认识的？
Liú Lì: Shì nánpéngyou ba? Shénme shíhou rènshi de?

王兰：哎呀！你别哇啦哇啦问个没完，快收拾吧！
Wáng Lán: Āiyā! Nǐ bié wālāwālā wèn ge méi wán, kuài shōushi ba!

Lesson Fifty-two　Clean up the room immediately.

Wang Lang: What are you doing?

Liu Li: I'm listening pop songs.

Wang Lang: Stop it now! Clean up the room immediately. In a while a guest will come over.

Liu Li: Guest? What guest? Male or female?

Wang Lang: A friend, male.

Liu Li: A boyfriend ? (I guess.) When did you meet him?

Wang Lang: Oh, don't ask so many questions with no end. Quick, go clean up!

生词 New Words

1.	赶紧	gǎnjǐn	副 (adv.)	lose no time; hasten
2.	把	bǎ	介 (prep.)	(used in conjunction with a verb and its direct object)
3.	屋子	wūzi	名 (n.)	room
4.	干吗	gànmá		what are (you) doing
5.	流行	liúxíng	动、形 (v./adj.)	to become popular; to be popular
6.	歌曲	gēqǔ	名 (n.)	song
7.	暂停	zàntíng		to suspend
8.	待会儿	dāihuìr		later; in a while
9.	客人	kèrén	名 (n.)	guest
10.	哎呀	āiyā	叹 (interj.)	ah
11.	哇啦	wālā	象声 (onomatope)	hullabaloo

句型 Pattern Drills

52.1 我……呢。

zhěnglǐ shūguì
整理 书柜

zài cèsuǒ
在厕所

gàn huór
干活儿

wánr yóuxì
玩儿游戏

52.2 把……收拾一下

chōutì	shūguì	wǎnkuài	wénjù
抽屉	书柜	碗筷	文具

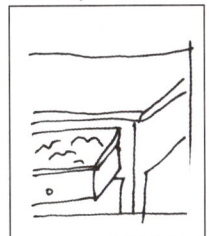   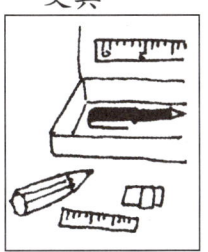

52.3 有……来

wàibīn	lǐngdǎo	gēxīng	dàibiǎotuán
外宾	领导	歌星	代表团

52.4 哇啦哇啦……个没完

jiǎng	tán	liáo	jièshào
讲	谈	聊	介绍

生词 New Words

1. 整理　　zhěnglǐ　　动 (v.)　　to put in order; to arrange
2. 书柜　　shūguì　　名 (n.)　　bookcase

3.	厕所	cèsuǒ	名 (n.)	bathroom
4.	干	gàn	动 (v.)	to do
5.	活儿	huór	名 (n.)	work
6.	游戏	yóuxì	名 (n.)	game
7.	抽屉	chōuti	名 (n.)	drawer
8.	筷（子）	kuài(zi)	名 (n.)	chopsticks
9.	文具	wénjù	名 (n.)	stationery
10.	外宾	wàibīn	名 (n.)	foreign guest
11.	领导	lǐngdǎo	名 (n.)	leader
12.	歌星	gēxīng	名 (n.)	famous singer; star
13.	代表团	dàibiǎotuán	名 (n.)	delegation
14.	讲	jiǎng	动 (v.)	to speak
15.	谈	tán	动 (v.)	to talk
16.	聊	liáo	动 (v.)	to chat

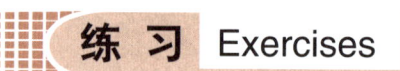

练 习 Exercises

听读听写 Repetition and Dictation

◇1. 用慢速和中速跟读课文录音 (Follow the text tape and repeat at a slow and medium pace)。

◇2. 听录音，写句子 (Write down the sentences you hear)。

◆ **词汇语法**　*Vocabulary and Grammar*

◇1. 在下面的空格里填上适当的词语 (Fill in the appropriate words in the following blanks):

把	衣服	洗	干净
		写	完
	饺子		了
		请	来
	书包		好
	餐巾纸	拿	

◇2. 用下面意义相近的词组成词语，了解它们之间的区别 (Make up phrases with the following words whose meaning is similar and try to understand the differences of their meanings):

讲（　　）　谈（　　）　聊（　　）　说（　　）
（　　）　（　　）　（　　）　（　　）

◆ **活学活用**　*Learn and Use*

◇看图说话 (Talk about the pictures):

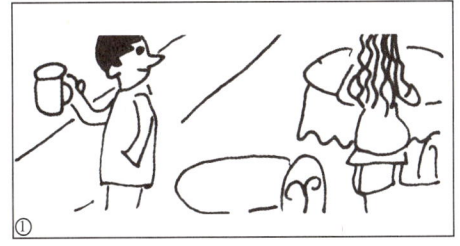

◇ **课堂游戏** *Game*

续编故事（Make up a story）

一个学生开始编故事，其他学生每人一句接着讲。要在规定的时间内接上，接不上的学生被跳过，下一个学生接着讲。老师可事先安排一个故事大概的轮廓。

One student begins to make up a story. The next student continues the story by adding one sentence within a certain time limit. Whoever cannot continue within the given time will be skipped, the next student continues. The teacher can organize a basic outline of the story beforehand.

翻 译 练 习   *Translation*

翻译下面的句子 (Translate the following sentences into Chinese):

1. I'm writing a letter to my parents.
2. Put your things in your drawer.
3. A delegation will come next week.

◇ **汉字书写** *Write the Characters*

语音练习 *Pronunciation*

◇ 读下面的句子，注意词语下面的重音符号 (Read the following sentences and pay attention to the differences of emphasis):

1. Jīntiān wǒ xiūxi.
   今天 我 休息。
   (强调休息的时间是"今天"。 Emphasizes that the time of rest is "today".)

2. Jīntiān wǒ xiūxi.
   今天 我 休息。
   (强调休息的人是"我"。 Emphasizes that the person who has a rest is "I".)

3. Jīntiān wǒ xiūxi.
   今天 我 休息。
   (强调做的事是"休息"。 Emphasizes that the thing to do is "rest".)

第五十三课 这下儿你一定会记住了
Dì-wǔshísān kè Zhèxiàr nǐ yídìng huì jìzhù le

课文 Text

妈妈: 小明，你每天都高高兴兴地回家来，今天怎么愁眉苦脸的？

小明: 我今天的听写写错两个字，下课以后被老师留下了。

妈妈: 为什么写错了？

小明: 马虎了呗！其实我都会写。

妈妈: 老师留下你干什么？

小明: 她让我把写错的字写二十遍。

妈妈: 这下儿你一定会记住了。

Lesson Fifty-three   This time you will definitely remember them.

Mom: Xiao Ming, everyday you come home happily, why do you have long face today?

Xiao Ming: In today's dictation I wrote two characters wrong and I was kept after class by the teacher.

Mom: Why did you write them wrong?

Xiao Ming: Just careless. Actually, I know how to write them all.

Mom: Why did the teacher keep you in school?

Xiao Ming: She made me write the wrong characters 20 times.

Mom: This time you will definitely remember them.

生词 New Words

1.	这下儿	zhèxiàr		this time; from now on
2.	记	jì	动 (v.)	to remember
3.	高高兴兴	gāogāoxìngxìng		happy; cheerful
4.	愁眉苦脸	chóuméi kǔliǎn		to pull a long face
5.	听写	tīngxiě	动、名(v./n.)	to dictate; dictation
6.	被	bèi	介 (prep.)	by
7.	留下	liúxià		to remain; to stay
8.	马虎	mǎhu	形 (adj.)	careless
9.	呗	bei	助	interrogative particle
10.	其实	qíshí	副 (adv.)	actually; in fact
11.	遍	biàn	量 (m.)	for a whole action; from beginning to the end

句型 Pattern Drills

○ 53.1 高高兴兴地……

shàng xué qù
上　学　去

shàng bān qù
上　班　去

qù dù jià
去　度　假

xué wàiyǔ
学　外语

○ 53.2 ……被……

Zìxíngchē bèi péngyou jièqù le.
自行车　被　朋友　借去　了。

Qiánbāo bèi xiǎotōu tōuzǒu le.
钱包　被　小偷　偷走　了。
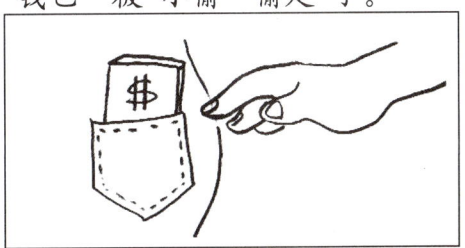

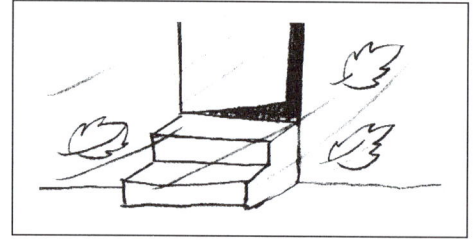

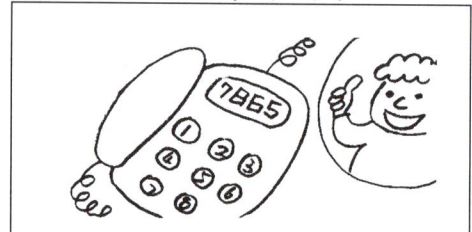

 53.3 ……遍

生词 New Words

1.	上学	shàng xué		to go to school
2.	上班	shàng bān		to go to work
3.	度假	dù jià		to have a vacation
4.	外语	wàiyǔ	名 (n.)	foreign language
5.	借	jiè	动 (v.)	to borrow
6.	小偷	xiǎotōu	名 (n.)	thief
7.	偷	tōu	动 (v.)	to steal
8.	（偷）走	(tōu)zǒu		(to steal) away
9.	门	mén	名 (n.)	door
10.	开	kāi	动 (v.)	to open
11.	电话（机）	diànhuà(jī)	名 (n.)	telephone
12.	朗读	lǎngdú	动 (v.)	to read aloud
13.	修改	xiūgǎi	动 (v.)	to revise; to amend, to modify

| 14. | 试听 shītīng | 动（v.） | to have a trial listening |
| 15. | 自学 zìxué | 动（v.） | to teach oneself |

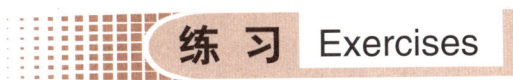

听读听写　Repetition and Dictation

◇1. 用慢速和中速跟读课文录音（Follow the text tape and repeat at a slow and medium pace）。

◇2. 听录音，写句子（Write down the sentences you hear）。

词汇语法　Vocabulary and Grammar

◇1. 填动词完成句子（Fill in the verbs to complete the sentences）：
　　（1）这个字你又（　　）错了。
　　（2）（　　）完作业再去玩儿。
　　（3）我说的话你都（　　）住了吗？
　　（4）衣服被大风（　　）走了。
　　（5）那本小说被同学（　　）走了。

◇2. 模仿例句把下面的句子改写为"被"字句（Rewrite the following sentences using "被" according the example）：
　　例句：妹妹骑走了我的自行车。　→我的自行车被妹妹骑走了。
　　（1）雨把被子淋湿了。
　　（2）小偷把他打了。
　　（3）我已经把书柜收拾好了。
　　（4）老师把我的文章修改了两遍。
　　（5）他把冰箱里的东西都吃完了。

◇ 活学活用　Learn and Use

◇ 1. 回答问题（Answer the following questions）：
　　（1）你小时候常常写错字吗？你写错字的时候，你的老师是怎么做的？
　　（2）如果你是老师，你的学生常常写错字，你怎么办？
　　（3）如果你的孩子常常写错字，你怎么办？

◇ 2. 续讲故事（Finish the following story）：
　　　一对夫妇在星期六的晚上去看晚场电影，看完电影回到家已经是夜里两点了。丈夫用钥匙打开门，发现灯都开着，屋子里很乱，四岁的孩子不见了……

翻译练习　Translation

翻译下面的短文（Translate the following paragraph into Chinese）：

　　Xiao Ming comes home happily everyday, but today he came home with a long face. Because he was careless, in today's dictation he wrote two characters wrong. He was kept after class by the teacher to write the wrong characters 20 times. This time he will definitely remember them.

◇ 汉字书写　Write the Characters

度	丶	一	广	广	庐	庐	庐	庐	度

眉	乛	丁	彐	尸	尸	肙	肙	肙	眉

修	ノ	亻	亻	仔	攸	攸	修	修

借	ノ	亻	亻	什	仕	借	借	借	借

◇ 语音练习 *Pronunciation*

◇ 读下面的句子，注意划线词语的发音 (Read the following sentences and pay attention to the different tones of the underlined words):

1. Kuài qǐlai ba!
   快 <u>起来</u> 吧！ (Quick, get up!)

2. Kàn qilai jīntiān yào xià yǔ.
   看 <u>起</u>来 今天 要 下 雨。 (It looks like it's going to rain today.)

3. Dàjiā yìqǐ tiào qǐ wǔ lai.
   大家 一起 跳 <u>起</u> 舞 <u>来</u>。 (Everybody began to dance together.)

4. Wǒ tuǐ téng, zhàn bu qǐlái.
   我 腿 疼，站 不 <u>起来</u>。 (My leg hurts. I can't stand up.)

135

第五十四课 要让中国人听不出我是外国人
Dì-wǔshísì kè Yào ràng Zhōngguórén tīng bu chū wǒ shì wàiguórén

田中顺子的日记
Tiánzhōng Shùnzǐ de rìjì

2001年12月15日，星期五 天气阴
èrlínglíngyī nián shí'èr yuè shíwǔ rì, xīngqīwǔ tiānqì yīn

今天是十二月十五日，天气很冷。上午我参加了学院的留学生汉语讲演比赛，遗憾的是没有得到第一名。听说我的总分比第一名只差零点五分。老师说我的讲演内容、语法、表演等都不错，就是发音还差一点儿。我要继续练习我的发音，要让中国人听不出我是外国人。

Tanaka's Dairy   Dec. 15, 2001 Friday overcast

　　Today is December 15. It's very cold. This morning I attended the college's Chinese Speech Competition for Foreign Students. It's a pity that I didn't get the first place. I heard that my score was only 0.5 less than the one who got the first place. My teacher said that my speech's content, grammar and performance were all good, it's just that the pronunciation is still not quite up to the mark. I must keep on practicing my pronunciation and not let Chinese people tell that I'm a foreigner.

生词 New Words

1.	日记	rìjì	名 (n.)	diary
2.	阴	yīn	形 (adj.)	overcast
3.	学院	xuéyuàn	名 (n.)	college
4.	得到	dédào		to get; to receive
5.	第一名	dìyī míng		the first place
6.	总分	zǒngfēn	名 (n.)	total score
7.	零点五	líng diǎn wǔ	数 (num.)	0.5
8.	语法	yǔfǎ	名 (n.)	grammar
9.	等	děng	助 (particle.)	etc.
10.	就是	jiùshì		it's just that
11.	继续	jìxù	动 (v.)	to continue

句型 Pattern Drills

 54.1 遗憾的是……

méi kǎohǎo	bú huì yóu	bù néng jiàn miàn	bù dǒng Déyǔ
没 考好	不 会 游	不 能 见 面	不 懂 德语

 54.2 只差……

líng diǎn sì kè	yī diǎn wǔ límǐ	yī diǎn sān cùn	èr diǎn wǔ miǎo
零点 四 克	一点 五 厘米	一点 三 寸	二点 五 秒
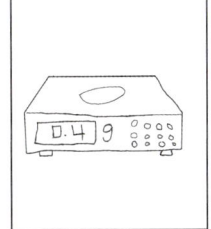	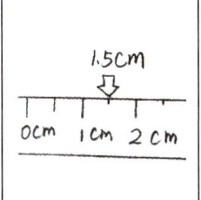		

54.3 ……、……、……等……

Shùxué, wùlǐ, huàxué děng dōu jígé le.
数学、物理、化学 等 都 及格 了。

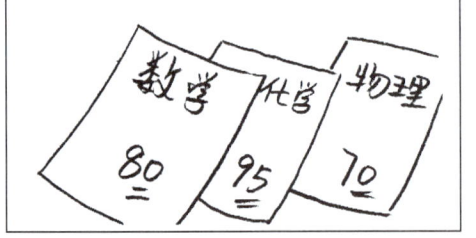

Tīnglì, yuèdú, bàokān děng dōu xiǎng xuǎn.
听力、阅读、报刊 等 都 想 选。

Shípǐn, rìyòngpǐn, fúzhuāng děng dōu hěn piányi.
食品、日用品、服装 等 都 很 便宜。

Gētīng, wǔtīng, yóuyìtīng děng dōu méi qùguo.
歌厅、舞厅、游艺厅 等 都 没 去过。

54.4 继续……

Wǒ xiǎng jìxù xuéxí Zhōngguó wǔshù.
我 想 继续 学习 中国 武术。

Xiàwǔ jìxù cānguān.
下午 继续 参观。

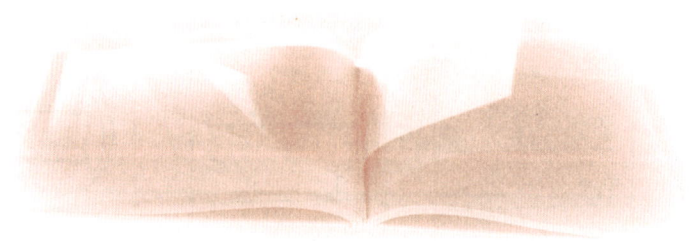

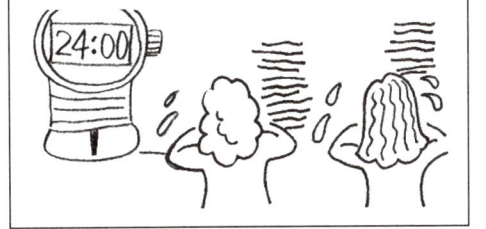

Shí'èr diǎn le, tāmen hái zài jìxù gōngzuò.
十二点了，他们还在继续工作。

Qǐng dàjiā jìxù fā yán.
请大家继续发言。

生词 *New Words*

1.	考	kǎo	动 (v.)	to have an exam
2.	游	yóu	动 (v.)	to swim
3.	德语	Déyǔ		the German language
4.	克	kè	量 (m.)	gram
5.	厘米	límǐ	量 (m.)	cm
6.	寸	cùn	量 (m.)	1/3 decimeters
7.	秒	miǎo	量 (m.)	a second
8.	物理	wùlǐ	名 (n.)	physics
9.	化学	huàxué	名 (n.)	chemistry
10.	听力	tīnglì	名 (n.)	hearing; listening skills
11.	阅读	yuèdú	动、名 (v./n.)	to read, reading
12.	报刊	bàokān	名 (n.)	newspaper and magazines
13.	食品	shípǐn	名 (n.)	food products
14.	日用品	rìyòngpǐn	名 (n.)	articles of everyday use
15.	服装	fúzhuāng	名 (n.)	clothing
16.	歌厅	gētīng	名 (n.)	karaoke hall
17.	舞厅	wǔtīng	名 (n.)	dance hall
18.	游艺厅	yóuyìtīng	名 (n.)	game hall
19.	武术	wǔshù	名 (n.)	martial arts
20.	参观	cānguān	动 (v.)	to visit (a place)
21.	发言	fā yán		to make a speech

练习 Exercises

◆ 听读听写 Repetition and Dictation

◇1. 用慢速和中速跟读课文录音 (Follow the text tape and repeat at a slow and medium pace)。

◇2. 听录音，写句子 (Write down the sentences you hear)。

◆ 词汇语法 Vocabulary and Grammar

◇用下面的词语各说一句完整的话 (Make a complete sentence using the following words):
1. 遗憾的是……
2. 听说
3. 比……只差……
4. ……、……、……等
5. ……都不错，就是……
6. 继续

◆ 活学活用 Learn and Use

◇1. 请你说说 (Talk about):
  （1）你在生活中感到遗憾的一件事。
  （2）介绍你参加过的一次比赛。

◇2. 读短文，说说你的感想 (Read the story and give your comments):
地球毁灭（ ruined, destroyed）**前的最后一夜**
　　大家都知道，这是地球毁灭前的最后一夜。一对夫妇吃完晚饭，还是一起洗碗，一起收拾屋子，一起把孩子送上床。这对夫妇一边做这些事，一边不停地说话，好像要用这点时间把话说完。两个人上床时，都有一种特别的感觉（gǎnjué; feeling）：能平静（píngjìng; peacefully）地躺在一起，其实就是一种幸福。妻子忽然（hūrán; suddenly）想到楼下的电视没关（guān; turn off），就下楼把电视关好，再回到床上时，两个人都笑了：地球要毁灭了，怎么还想着关电视？两个人最后的话是：睡吧，睡个好觉！

翻译下面的句子 (Translate the following sentences into Chinese):

1. It's a pity that she didn't get the first place in the Chinese Speech Competition for Foreign Students.
2. My score was only 1 point short of qualifying.
3. I must keep on studying in China.

汉字书写 Write the Characters

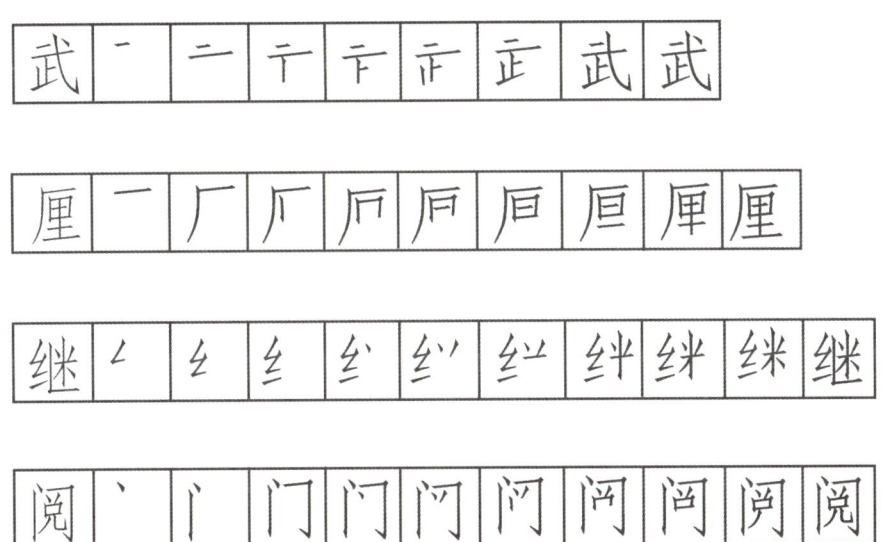

语音练习 *Pronunciation*

◇ 读下面的句子，研究一下句尾语气词"啊"在什么情况下变为"呀"、"哇"、"哪" (Read the sentences and study: under what conditions does the "啊" change into "呀"、"哇"、"哪"):

1. Nǐ shénme shíhou qù lǚxíng a?
   你 什么 时候 去 旅行 啊?

2. Zhè shì shéi xiě de zì a?
   这 是 谁 写 的 字 啊?

3. Zhēn hǎochī a!
   真 好吃 啊!

4. Nǐ shuō de shì tā ya!
   你 说 的 是 他 呀?

5. Nǐ cóng nǎr lái ya?
   你 从 哪儿 来 呀?

6. Jīntiān huìbuhuì xià yǔ ya?
   今天 会不会 下 雨 呀?

7. Zhème duō ya!
   这么 多 呀!

8. Tiānqì zhēn rè ya!
   天气 真 热 呀!

9. Kuài lái qiáo wa!
   快 来 瞧 哇!

10. Bié kū wa!
    别 哭 哇!

11. Nǐmen kàn na!
    你们 看 哪!

第五十五课 我这一个月瘦了五公斤

课文 Text

王兰:

你好！最近学习忙吗？

我来日本留学已经一个月了，每天忙得要死。日本的消费水平很高，总觉得钱不够花，所以我开始打工，一天只睡四五个小时，第二天还要头昏脑涨地去上课，因为上课不能迟到。我这一个月瘦了五公斤，你信不信？等我回国的时候，也许你都不认识我了。太累了，就写到这儿吧。

祝

好！

刘丽

5月12日

Lesson Fifty-five   I lost 5 kilograms in this month.

Dear Wang Lan,

　　How are you doing? Are you busy studying recently?

　　I've been studying in Japan for a month already. I'm busy to death everyday. In Japan, the prices are very high. I always feel that I don't have enough money to spend, so I began to work. I sleep only 4 or 5 hours everyday, the next day I have to go to class with my head swimming, because I can't be late to class. I lost 5 kilograms in this month, can you believe it? When I come back home, you might not even recognize me. I'm too tired. I'll stop here.

Best wishes!

Liu Li
May, 12

生词 New Words

1. 留学	liú xué		to study abroad
2. ……得要死	......de yào sǐ		...to death
3. 消费	xiāofèi	动 (v.)	to consume
4. 总	zǒng	副 (adv.)	always
5. 所以	suǒyǐ	连 (conj.)	so
6. 第二天	dì'èr tiān		the next day
7. 头昏脑涨	tóuhūn nǎozhǎng		to feel one's head swimming
8. 因为	yīnwèi	连 (conj.)	because
9. 信	xìn	动 (v.)	to believe

句型 Pattern Drills

55.1 最近……吗?

huór duō	shēngyi hǎo	xuéxí fùdān zhòng	bìngqíng yǒu hǎozhuǎn
活儿多	生意好	学习 负担 重	病情 有 好转

55.2 ……，所以……

Méi qián jiāo xuéfèi, suǒyǐ bìxū dǎ gōng.
没钱交学费，所以必须打工。

Wǒ xīn fán, suǒyǐ bú qù tiào wǔ.
我心烦，所以不去跳舞。

Zhèli fēngjǐng hěn měi, suǒyǐ yóurén hěn duō.
这里风景很美，所以游人很多。

Wǒ bù shūfu, suǒyǐ bù cānjiā shíxí.
我不舒服，所以不参加实习。

 55.3 头昏脑涨地……

dú gǔwén
读古文

mòxiě shēngcí
默写生词

jì dá'àn
记答案

bèi gōngshì
背公式

 55.4 上课不能……

shuō mǔyǔ
说母语

dǎnào
打闹

chī língshí
吃零食

liáo tiānr
聊天儿

生词 New Words

1.	生意	shēngyi	名 (n.)	business
2.	负担	fùdān	名 (n.)	load; burden
3.	病情	bìngqíng	名 (n.)	condition of a patient
4.	好转	hǎozhuǎn	动 (v.)	to improve; to change for the better
5.	必须	bìxū	副 (adv.)	must; have got to
6.	心	xīn	名 (n.)	mind; mood
7.	烦	fán	形 (adj.)	annoyed; troubled
8.	风景	fēngjǐng	名 (n.)	scenery; landscape
9.	游人	yóurén	名 (n.)	tourist
10.	实习	shíxí	动 (v.)	to do fieldwork or internship; to practice
11.	古文	gǔwén	名 (n.)	ancient Chinese language

12.	默写	mòxiě	动（v.）	to write from memory
13.	生词	shēngcí	名（n.）	new word
14.	答案	dá'àn	名（n.）	answer; key
15.	公式	gōngshì	名（n.）	fomula
16.	母语	mǔyǔ	名（n.）	mother toungue
17.	打闹	dǎnào	动（v.）	to quarrel and fight noisily
18.	零食	língshí	名（n.）	between-meal nibbles; snacks
19.	聊天儿	liáo tiānr		to chat

练习 Exercises

听读听写 Repetition and Dictation

◇1. 用慢速和中速跟读课文录音 (Follow the text tape and repeat at a slow and medium pace).

◇2. 听录音，写句子 (Write down the sentences you hear).

词汇语法 Vocabulary and Grammar

◇1. 给下面的动词配上合适的宾语 (Match the verbs with proper objects):

默写（　　）　参观（　　）　记（　　）　背（　　）
修改（　　）　朗读（　　）　借（　　）　叠（　　）
解释（　　）　显得（　　）　发（　　）　收（　　）
相信（　　）　发现（　　）　系（　　）　花（　　）
觉得（　　）　表演（　　）　弹（　　）　换（　　）
发生（　　）　调查（　　）　养（　　）　照（　　）

147

2. 读下面的词语，体会词语重叠形式的不同，并用词语的重叠形式造句
(Read the following words, try to understand the different shapes of the double words. Make sentences with the double words):

散步	散散步	调查	调查调查
洗澡	洗洗澡	休息	休息休息
游泳	游游泳	认识	认识认识
跳舞	跳跳舞	讨论	讨论讨论
照相	照照相	锻炼	锻炼锻炼

◆ 活学活用　Learn and Use

◇ 写一封信 (Write a letter)。

   Translation

翻译下面的句子 (Translate the following sentences into Chinese):
1. Is business good lately?
2. I always feel that my Chinese pronunciation is not good enough, so I found a tutor to help me practice.
3. You cannot use a computer to take an exam.

◆ 汉字书写　Write the Characters

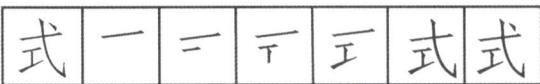

| 式 | 一 | 二 | 亍 | 弍 | 式 | 式 |

| 负 | 丿 | 亇 | 仒 | 负 | 负 | 负 |

| 所 | ´ | 厂 | 厃 | 戶 | 戶 | 所 | 所 | 所 |

须 ｜ ｀ ｀ ｀ ｀ ｀ ｀ ｀ 须 须 须

语音练习 *Pronunciation*

◇ 朗读下面的歌词 （Read the song）:

Zhōnghuá Rénmín Gònghéguó Guógē
中华 人民 共和国 国歌

田汉 作词
聂耳 作曲

Qǐlái! Bú yuàn zuò núlì de rénmen!
起来！不 愿 做 奴隶 的 人们！

Bǎ wǒmen de xuèròu, zhùchéng wǒmen xīn de chángchéng.
把 我们 的 血肉，筑成 我们 新 的 长城。

Zhōnghuá mínzú dàole zuì wēixiǎn de shíhou,
中华 民族 到了 最 危险 的 时候，

měi ge rén bèipòzhe fāchū zuìhòu de hǒushēng.
每 个人 被迫着 发出 最后 的 吼声。

Qǐlái! Qǐlái! Qǐlái!
起来！起来！起来！

Wǒmen wànzhòngyìxīn, màozhe dírén de pàohuǒ, qiánjìn!
我们 万众一心， 冒着 敌人 的 炮火， 前进！

Màozhe dírén de pàohuǒ, Qiánjìn! Qiánjìn! Qiánjìn! Jìn!
冒着 敌人 的 炮火， 前进！ 前进！ 前进！ 进！

"听录音，写句子"文本　Dictation Texts

第三十一课

1. 马路边怎么围着那么多人啊？
2. 警察来调查刚才发生的抢劫。
3. 我不喜欢看热闹儿。

第三十二课

1. 到目前为止我周末没有什么安排。
2. 爬香山不危险，也不刺激。
3. 我从司马台长城摔下来过。

第三十三课

1. 一起去买火车票，可以吗？
2. 帮我改一下作文，好吗？
3. 我的电脑修好了。

第三十四课

1. 你三十五岁了，该结婚了。
2. 课文我早就预习了。
3. 明天考试，老师还没通知同学呢。

第三十五课

1. 我总是从友谊宾馆上车。
2. 在清华大学下车，过马路就到了。
3. 售票员说在前门大街下车。

第三十六课

1. 我头晕，嗓子疼，可能感冒了。
2. 我请假一周，回国看妈妈。
3. 不能和女朋友结婚，我感到很遗憾。

"听录音,写句子"文本　Dictation Texts

第三十七课

1. 你给我们表演一下猴拳吧!
2. 她的太极拳打得不错。
3. 哪儿有在出租车里抽烟的?

第三十八课

1. 她买回两只小鸡。
2. 这个苹果酸极了。
3. 那辆车已经送给残疾人朋友了。

第三十九课

1. 我从来不去跳舞。
2. 要下雨了,快回来!
3. 我没带雨衣。

第四十课

1. 我的房间里飞进来一只蝴蝶。
2. 我给姐姐买了一件旗袍。
3. 她愿意住在胡同里,不愿意住在公寓里。

第四十一课

1. 你戴这副耳环正合适。
2. 北大图书馆显得很气派。
3. 我回去和老婆商量商量。

第四十二课

1. 这件夹克衫好看是好看,可是质量不好。
2. 这么多作业,做不了。
3. 这支钢笔很好用,是不是?

"听录音，写句子"文本　　Dictation Texts

第四十三课
1. 那个戴口罩、穿风衣的人是谁？
2. 她身高不到一米七零。
3. 今年的考试题比去年难。

第四十四课
1. 我感冒了，头疼得厉害。
2. 我们一开学就考试。
3. 家庭幸福比什么都重要。

第四十五课
1. 你是什么时候从上海来北京的？
2. 我当司机十多年了。
3. 我的北京话比你差远了。

第四十六课
1. 他打算这个星期天天开夜车。
2. 买录像机最重要的是质量。
3. 那个男生又高又帅。

第四十七课
1. 南京的气候和上海差不多。
2. 北京是一座有几百年历史的古城。
3. 你说学文学好呢，还是学历史好？

第四十八课
1. 我和妈妈一样，也喜欢旅行。
2. 你们不是见过面吗？怎么不认识？
3. 你的电脑怎么用？

"听录音，写句子"文本　Dictation Texts

第四十九课

1．这件衣服降价百分之二十，我就买。
2．"三心二意"这条成语怎么解释？
3．什么叫"甩卖"呢？

第五十课

1．猕猴桃酸，先吃猕猴桃，后吃哈密瓜。
2．我们班同学个个有特长。
3．这么多芦柑，有一个半个烂的是难免的。

第五十一课

1．她的男朋友连我都没见过。
2．从北京到上海有多远？
3．她长得很漂亮，而且特别讨人喜欢。

第五十二课

1．赶紧把屋子收拾一下儿，待会儿有朋友来吃饭。
2．我在和外宾谈话呢！
3．把碗筷洗一下儿！

第五十三课

1．别愁眉苦脸地去学外语，那样学不好。
2．我的自行车被偷走了。
3．我把新课文朗读了一遍。

第五十四课

1．我们要去德国旅游，遗憾的是我不懂德语。
2．这次表演我只差两分没得第一名。

"听录音，写句子"文本　　Dictation Texts

第五十五课

3．我想继续上语法课，听力、阅读、报刊等可以自学。

1．最近睡觉太少，每天头昏脑涨地去上课。
2．北京的消费很高，所以我必须打工。
3．最近学习负担很重，所以感觉很累。

"翻译练习" 参考答案 Answers to Translation Exercises

第三十一课
- 1．刚才发生了抢劫，警察来调查。
- 2．我不喜欢看热闹。
- 3．我只喜欢看漂亮的时装。

第三十二课
- 1．大后天是星期天，你有空儿吗？
- 2．咱们去香山吧，听说那儿很漂亮。
- 3．我要是写不完作业怎么办？

第三十三课
- 1．劳驾，帮我们照张相，好吗？
- 2．怎么只照了半个身子？
- 3．照全身不好看。

第三十四课
- 1．该跑步了。
- 2．我还没看《人民日报》呢。
- 3．你是一边看电视一边做作业的吗？

第三十五课
- 1．你坐反了，下车，过马路，坐对面的车。
- 2．我买一张去友谊商店的票。
- 3．我总是忘了拿钥匙。

第三十六课
- (1)看热闹儿　(2)停电　(3)死机　(4)试表　(5)发烧　(6)受骗
- (7)请假　(8)选课　(9)打车　(10)讲演　(11)堵车　(12)过马路

155

- ⑬打针　　　⑭说话算数

第三十七课
- 1. 听说你饭做得不错。
- 2. 哪儿有中国人不会说中国话的。
- 3. 你最好先学汉字。

第三十八课
- 1. 听说你上星期买回一条蛇。
- 2. 这个菜咸极了。
- 3. 我妈说家里不许养猫。

第三十九课
- 1. 瞧你! 都淋成落汤鸡了!
- 2. 我没想到你会来。
- 3. 我从来不听天气预报。

第四十课
- 1. 我的房间里跑进来一只狗,帮我抓住它。
- 2. 我要给你买一件生日礼物。你想要什么?
- 3. 你愿意住在大城市里吗?

第四十一课
- 1. 您穿这套衣服正合适。
- 2. 你穿这件衬衫显得太老。
- 3. 我看你就收下来吧!

第四十二课
- 1. 这么多书,你读不完。
- 2. 这儿的男孩子很难看,是不是?

3. 这花好闻是好闻，可是不好看。

第四十三课
1. 你的生日晚会上那个和你一起跳舞的女孩儿是谁？
2. 我的男朋友比你的帅。
3. 我爸爸读书比我多。

第四十四课
1. 我牙疼得厉害。
2. 我一玩儿电脑游戏就没完。
3. 健康比什么都重要。

第四十五课
1. 你是什么时候开始在伦敦工作的？
2. 第十课不如第十二课难。
3. 这个电影比我想（期望）的差远了。

第四十六课
　　妻子今晚要加班，不能回来给丈夫做晚饭。丈夫说："没关系，晚上我可以吃方便面，又省事，又不用洗碗。""真的？"妻子说，"我先提醒你，也许你明天还要吃方便面。"

第四十七课
　　罗西想去南京旅行。他问从南京来的王兰南京的气候怎么样。王兰说冬天冷，夏天热。罗西说他又怕冷，又怕热。王兰说他最好在黄金周的时候去南京。

第四十八课
1. 像他爸爸一样，他也不爱说话。
2. 你不是买了一条新裙子吗？为什么不穿？

■ 3. 豆腐怎么做？

第四十九课
■ 1. 什么叫"炒鱿鱼"呢？
■ 2. 这种电脑降价百分之十。（这种电脑九折）
■ 3. 这个词怎么解释？

第五十课
■ 1. 这猕猴桃酸吗？
■ 2. 我的朋友个个喜欢爬山。
■ 3. 你先考试，后选课。

第五十一课
■ 　　刘丽有男朋友了。她刚认识的。刘丽说他长得一般，不过挺讨人喜欢的，而且对她很好。看来刘丽对他是一见钟情。

第五十二课
■ 1. 我给我父母写信呢。
■ 2. 把你的东西放进你的抽屉里。
■ 3. 下个星期有代表团来。

第五十三课
■ 　　小明每天都高高兴兴地回家，今天却愁眉苦脸的。因为马虎，今天的听写写错了两个字，下课以后他被老师留下写二十遍错字。这下儿，他一定会记住了。

第五十四课
■ 1. 遗憾的是她没有在留学生汉语讲演比赛中得到第一名。
■ 2. 我只差一分及格。
■ 3. 我要继续在中国学习。

第五十五课

1. 最近生意好吗?
2. 我总觉得我的汉语发音不够好,所以我找了一个辅导帮我练习。
3. 考试不能用电脑。

生词总表
Vocabulary
（词语后面的数字为课文序号）

A

AA 制	ēi ēi zhì	42
哎	āi	32
哎呀	āiyā	52
爱好	àihào	51
安排	ānpái	32

B

八达岭长城	Bādálǐng Chángchéng	35
巴黎	Bālí	45
把	bǎ	52
白酒	báijiǔ	39
百分之……	bǎi fēn zhī……	49
百货大楼	Bǎihuò Dàlóu	35
半身	bànshēn	33
包	bāo	49
报到	bàodào	34
报刊	bàokān	54
北方	běifāng	47
北海公园	Běihǎi Gōngyuán	35

北京游乐园	Běijīng Yóulèyuán	35
背心	bèixīn	42
被	bèi	53
呗	bei	53
本事	běnshi	50
比	bǐ	43
比如说	bǐrúshuō	49
笔记本电脑	bǐjìběn diànnǎo	48
笔试	bǐshì	50
必须	bìxū	55
毕业	bìyè	34
边	biān	31
遍	biàn	53
表弟	biǎodì	43
表哥	biǎogē	43
表姐	biǎojiě	43
表演	biǎoyǎn	37
病	bìng	32
病情	bìngqíng	55
柏林	Bólín	45
补	bǔ	33
不错	búcuò	37
不到	bú dào	43

不要命	bú yào mìng	44
不如	bùrú	45
不一定	bù yídìng	49
……不了	……bu liǎo	42

C

才	cái	45
参观	cānguān	54
残疾人	cánjírén	38
苍蝇	cāngying	40
草帽	cǎomào	41
草莓	cǎoméi	47
厕所	cèsuǒ	52
查	chá	44
差不多	chàbuduō	47
产品	chǎnpǐn	45
常	cháng	48
厂长	chǎngzhǎng	51
炒鱿鱼	chǎo yóuyú	49
车带	chēdài	33
成	chéng	39
成语	chéngyǔ	49
城市	chéngshì	40
抽屉	chōutì	52
抽烟	chōu yān	37
酬宾	chóu bīn	49
愁眉苦脸	chóuméi kǔliǎn	53
出租车	chūzūchē	37

厨房	chúfáng	51
船	chuán	48
串儿	chuànr	44
词	cí	51
辞职	cí zhí	45
次	cì	32
刺激	cìjī	32
从来	cónglái	39
寸	cùn	54
错	cuò	35

D

答应	dāying	41
答案	dá'àn	55
打盹儿	dǎ dǔnr	44
打闹	dǎnào	55
打听	dǎting	34
打针	dǎ zhēn	34
大后天	dàhòutiān	32
大款	dàkuǎn	49
待会儿	dāihuìr	52
代表团	dàibiǎotuán	52
戴	dài	41
倒休	dǎoxiū	48
到……为止	dào……wéizhǐ	32
道	dào	48
得到	dédào	54
德语	Déyǔ	54

161

得	de	37
……得要死	……de yào sǐ	47
地道	dìdao	31
第二天	dì'èr tiān	55
第一名	dìyī míng	54
电话	diànhuà	53
电脑	diànnǎo	47
电子邮件	diànzǐ yóujiàn	47
调查	diàochá	31
叠	dié	51
定	dìng	41
丢	diū	32
东京	Dōngjīng	45
懂	dǒng	44
豆腐	dòufu	48
赌	dǔ	42
肚子	dùzi	39
度假	dù jià	53
对(1)	duì	33
对(2)	duì	40
对面	duìmiàn	35

E

峨眉山	Éméi Shān	32
恩爱	ēn'ài	44
而且	érqiě	51
耳环	ěrhuán	41

F

发	fā	47
发烧	fā shāo	36
发生	fāshēng	31
发现	fāxiàn	45
发言	fā yán	54
发音	fāyīn	45
法语	Fǎyǔ	51
烦	fán	55
反	fǎn	35
饭钱	fànqián	42
方便面	fāngbiànmiàn	46
飞	fēi	40
飞机	fēijī	48
费	fèi	50
风度	fēngdù	41
风景	fēngjǐng	55
风衣	fēngyī	43
封	fēng	33
夫妇	fūfù	38
夫妻	fūqī	44
服装	fúzhuāng	54
福气	fúqi	51
父母	fùmǔ	37
付	fù	42
负担	fùdān	55

162

G

该	gāi	34
改	gǎi	33
改天	gǎitiān	37
赶紧	gǎnjǐn	52
感到	gǎndào	36
感冒	gǎnmào	36
感情	gǎnqíng	46
干	gàn	52
干吗	gànmá	52
干什么	gàn shénme	31
刚	gāng	43
刚刚	gānggāng	51
钢笔	gāngbǐ	42
高高兴兴	gāogāoxìngxìng	53
高级	gāojí	40
胳膊	gēbo	44
歌	gē	37
歌曲	gēqǔ	52
歌手	gēshǒu	31
歌厅	gētīng	54
歌星	gēxīng	52
个个	gègè	50
个子	gèzi	47
给	gěi	37
跟……一样	gēn……yíyàng	48
公式	gōngshì	55

公寓	gōngyù	40
狗	gǒu	38
姑娘	gūniang	37
古城	gǔchéng	47
古诗	gǔshī	34
古文	gǔwén	55
骨折	gǔ zhé	36
故事	gùshi	31
顾客	gùkè	41
挂号	guà hào	50
管理员	guǎnlǐyuán	38
广播	guǎngbō	39
广东	Guǎngdōng	47
国产	guóchǎn	43
过	guò	35
过奖	guòjiǎng	45
过	guo	32

H

哈密瓜	hāmìguā	50
还是	háishi	46
海边	hǎibiān	51
嗨	hāi	50
寒假	hánjià	47
喊	hǎn	34
汉城	Hànchéng	45
汉字	Hànzì	37
好喝	hǎohē	42

好几	hǎojǐ	32
好听	hǎotīng	42
好玩儿	hǎowānr	47
好闻	hǎowén	42
好用	hǎoyòng	42
好转	hǎozhuǎn	55
合适	héshì	41
猴	hóu	37
后	hòu	36
厚	hòu	51
胡同	hútòng	40
蝴蝶	húdié	40
护照	hùzhào	39
花	huā	42
华盛顿	Huáshèngdùn	45
滑冰	huá bīng	43
滑雪	huá xuě	48
化学	huàxué	54
画儿	huàr	37
还	huán	45
换	huàn	37
黄金周	huángjīnzhōu	47
黄山	Huáng Shān	32
回国	huí guó	36
回去	huíqù	33
会话	huìhuà	52
活儿	huór	31
火车	huǒchē	41

J

鸡	jī	38
吉他	jítā	37
……极了	……jí le	38
记	jì	53
记者	jìzhě	31
纪念	jìniàn	40
技术	jìshù	50
继续	jìxù	54
加	jiā	48
加班	jiā bān	46
夹克衫	jiākèshān	42
家庭	jiātíng	44
讲	jiǎng	49
降价	jiàng jià	33
郊游	jiāoyóu	44
脚	jiǎo	48
街	jiē	34
结婚	jié hūn	39
结婚证	jiéhūnzhèng	49
结账	jié zhàng	50
解释	jiěshì	53
借	jiè	48
进	jìn	39
进口	jìnkǒu	43
进来	jìnlái	39

164

惊险	jīngxiǎn	46
精神	jīngshen	41
就是	jiùshì	54
觉得	juéde	37

K

开	kāi	53
开罗	Kāiluó	45
开夜车	kāi yèchē	46
看病	kàn bìng	36
看来	kànlái	51
看热闹儿	kàn rènaor	31
考	kǎo	54
可爱	kě'ài	38
可能	kěnéng	36
克	kè	54
客人	kèrén	52
课文	kèwén	34
肯定	kěndìng	51
口试	kǒushì	50
口罩	kǒuzhào	43
哭	kū	44
筷（子）	kuài(zi)	52
旷课	kuàng kè	48

L

辣	là	38
烂	làn	50
朗读	lǎngdú	53
劳驾	láo jià	33
老婆	lǎopo	41
厘米	límǐ	54
离婚	lí hūn	48
离开	lí kāi	45
礼帽	lǐmào	41
厉害	lìhai	44
连……都……	lián……dōu……	51
连休	liánxiū	48
聊	liáo	52
聊天儿	liáo tiānr	55
零点五	líng diǎn wǔ	54
零食	língshí	55
领带	lǐngdài	40
领导	lǐngdǎo	52
流行	liúxíng	52
留下	liúxià	53
留学	liú xué	55
笼子	lóngzi	40
芦柑	lúgān	50
庐山	Lú Shān	32
录	lù	41
录取	lùqǔ	34

录像	lùxiàng	46
录像机	lùxiàngjī	48
录音机	lùyīnjī	33
旅行箱	lǔxíngxiāng	51
伦敦	Lúndūn	45
罗马	Luómǎ	45
落汤鸡	luòtāngjī	39

默写	mòxiě	55
母语	mǔyǔ	55
目前	mùqián	32

M

N

马	mǎ	38
马虎	mǎhu	53
马路	mǎlù	31
马马虎虎	mǎmǎhūhū	37
骂人	mà rén	37
满……的	mǎn……de	45
没关系	méi guānxi	46
没问题	méi wèntí	33
没想到	méixiǎngdào	39
每	měi	51
美观	měiguān	41
美国	Měiguó	38
美满	měimǎn	44
门	mén	53
们	men	31
猕猴桃	míhóutāo	50
米	mǐ	43
秒	miǎo	54

哪里	nǎli	45
哪儿有……的	nǎryǒu……de	37
那边	nàbiān	31
那儿	nàr	32
南方	nánfāng	37
南京	Nánjīng	47
难免	nánmiǎn	50
难受	nánshòu	36
脑袋	nǎodai	33
能干	nénggàn	46
念	niàn	34
鸟	niǎo	40
牛	niú	38
努力	nǔlì	42

O

欧洲	Ōuzhōu	48

P

皮带	pí dài	47
匹	pǐ	38
篇	piān	51
品	pǐn	40
乒乓球	pīngpāngqiú	47
普通话	pǔtōnghuà	45

Q

妻子	qīzi	46
其实	qíshí	53
旗袍	qípáo	40
气候	qìhòu	47
气派	qìpài	41
前门大街	Qiánmén Dàjiē	35
前天	qiántiān	43
抢劫	qiǎngjié	31
瞧	qiáo	39
亲爱的	qīn'ài de	46
青岛	Qīngdǎo	48
清楚	qīngchu	51
清华大学	Qīnghuá Dàxué	35
蜻蜓	qīngtíng	40
请假条	qǐng jià tiáo	36
请客	qǐng kè	42
球	qiú	34
去年	qùnián	43
全身	quánshēn	33
拳	quán	37
缺课	quē kè	49
群	qún	40

R

人民医院	Rénmín Yīyuàn	35
认识	rènshi	34
日记	rìjì	54
日用品	rìyòngpǐn	54
肉	ròu	51

S

散步	sàn bù	33
嗓子	sǎngzi	36
上	shàng	35
上班	shàng bān	53
上学	shàng xué	53
上周	shàngzhōu	49
蛇	shé	38
身份证	shēnfènzhèng	39

身高	shēngāo	43
生词	shēngcí	55
生活	shēnghuó	44
生意	shēngyi	55
生鱼	shēngyú	39
省事	shěng shì	46
师傅	shīfu	45
十分	shí fēn	51
时装	shízhuāng	31
实习	shíxí	55
食品	shípǐn	54
……是……，可是……	……shì……，kěshì……	42
试	shì	31
试表	shì biǎo	34
试听	shìtīng	53
柿子	shìzi	50
收	shōu	41
收音机	shōuyīnjī	42
首都机场	Shǒudū Jīchǎng	35
受骗	shòu piàn	36
售票员	shòupiàoyuán	35
书柜	shūguì	52
输液	shū yè	34
暑假	shǔjià	47
刷	shuā	46
摔	shuāi	32
甩卖	shuǎimài	49
帅	shuài	43

帅哥儿	shuàigēr	51
说了算	shuō le suàn	41
司机	sījī	45
司马台长城	Sīmǎtái Chángchéng	32
死机	sǐjī	31
四川	Sìchuān	47
送	sòng	34
俗话	súhuà	49
宿舍楼	sùshèlóu	38
酸	suān	38
随身听	suíshēntīng	49
孙女	sūnnǚ	46
孙子	sūnzi	46
所以	suǒyǐ	55

T

它	tā	40
台	tái	42
台湾	Táiwān	47
泰山	Tài Shān	32
谈	tán	52
讨	tǎo	51
讨论	tǎolùn	34
特别	tèbié	51
特长	tècháng	50
疼	téng	36

提问	tíwèn	31
提醒	tíxǐng	46
题	tí	42
天	tiān	36
天津	Tiānjīn	47
天天	tiāntiān	46
甜	tián	38
挑	tiāo	50
听力	tīnglì	54
听你的	tīng nǐ de	42
听写	tīngxiě	53
停电	tíng diàn	31
通知	tōngzhī	34
偷	tōu	53
(偷)走	(tōu)zǒu	53
头(1)	tóu	36
头(2)	tóu	38
头昏脑涨	tóuhūn nǎozhàng	55
推荐	tuījiàn	33
腿	tuǐ	44

完	wán	34
玩具	wánjù	40
晚饭	wǎnfàn	33
晚了	wǎn le	38
忘	wàng	32
危险	wēixiǎn	32
围	wéi	31
卫生	wèishēng	46
胃	wèi	44
文化	wénhuà	50
文具	wénjù	52
文学	wénxué	47
文章	wénzhāng	51
蚊子	wénzi	40
屋子	wūzi	52
无故	wúgù	49
武术	wǔshù	54
舞厅	wǔtīng	54
物价	wùjià	47
物理	wùlǐ	54

哇啦	wālā	52
外宾	wàibīn	52
外地	wàidì	45
外国	wàiguó	38
外语	wàiyǔ	53

西红柿	xīhóngshì	48
吸	xī	39
系	xì	43
下	xià	39
下来	xiàlái	32

先	xiān	46
贤惠	xiánhuì	46
咸	xián	38
显得	xiǎnde	41
相同	xiāngtóng	33
相机	xiàngjī	49
香港	Xiānggǎng	47
香山	Xiāng Shān	32
项链	xiàngliàn	41
消费	xiāofèi	55
小贩	xiǎofàn	50
小伙子	xiǎohuǒzi	42
小偷	xiǎotōu	53
笑	xiào	33
歇	xiē	48
心	xīn	55
新	xīn	45
新婚	xīnhūn	38
新鲜	xīnxiān	46
信	xìn	55
信用	xìnyòng	46
行李	xíngli	33
醒	xǐng	44
幸福	xìngfú	36
休	xiū	48
修	xiū	33
修改	xiūgǎi	53
学生证	xuéshēngzhèng	39
学院	xuéyuàn	54

Y

牙	yá	44
烟	yān	39
研究	yánjiū	34
眼睛	yǎnjing	44
眼镜	yǎnjìng	43
羊肉串儿	yángròuchuànr	44
养	yǎng	38
腰	yāo	44
药	yào	34
也许	yěxǔ	46
夜里	yèli	44
一……就……	yī……jiù……	44
一会儿	yíhuìr	34
一见钟情	yíjiànzhōngqíng	51
一边……一边……	yìbiān……yìbiān……	34
一起	yìqǐ	33
一直	yìzhí	48
遗憾	yíhàn	36
已经	yǐjing	38
以后	yǐhòu	40
因为	yīnwèi	55
阴	yīn	54
哟	yō	50
悠着点儿	yōuzhediǎnr	42

游	yóu	54
游人	yóurén	55
游戏	yóuxì	52
游戏机	yóuxìjī	46
游艺厅	yóuyìtīng	54
友谊宾馆	Yǒuyì Bīnguǎn	35
有意思	yǒuyìsi	37
又……又……	yòu……yòu……	46
愉快	yúkuài	36
雨衣	yǔyī	39
语法	yǔfǎ	54
语文	yǔwén	34
预习	yùxí	34
遇见	yùjiàn	32
元宵	yuánxiāo	47
愿意	yuànyì	40
阅读	yuèdú	54
晕	yūn	36

Z

咱们	zánmen	32
暂停	zàntíng	52
早晨	zǎochen	36
早就……了	zǎojiù……le	34
长	zhǎng	43
丈夫	zhàngfu	46
着火	zháo huǒ	31

找（钱）	zhǎo(qián)	35
照	zhào	33
照相	zhào xiàng	33
折	zhé	49
这下儿	zhèxiàr	53
蒸	zhēng	33
整理	zhěnglǐ	52
正	zhèng	41
证	zhèng	39
纸巾	zhǐjīn	49
质量	zhìliàng	42
重要	zhòngyào	44
周	zhōu	36
住(1)	zhù	40
住(2)	zhù	40
住宅	zhùzhái	40
抓	zhuā	40
转	zhuǎn	31
撞车	zhuàng chē	31
准	zhǔn	38
字	zì	35
字典	zìdiǎn	48
自学	zìxué	53
总	zǒng	55
总分	zǒngfēn	54
总是	zǒngshì	35
总统	zǒngtǒng	38
最好	zuìhǎo	37
昨天	zuótiān	44

作文	zuòwén	33
座	zuò	47

语法点分布图表
Distribution Diagram of the Grammar Points

序号	语法点	例句【参见课文练习】
甲001	一般名词	我的雨伞哪儿去了?　[3.3]
		我到现在还没有女朋友。[29.3]
甲002	方位名词	书架在床旁边。[4.3]
		往前走。[20.2]
		往右拐。[20.3]
甲003	时间名词	明天（是）晴天。[19.1]
		今天是9月28号。[17.2]
甲004	名词重叠	你怎么天天吃方便面?　[46.2]
甲005	人称代词	我姓金。[1.1]
		你到我这儿来吧。[22.2]
		我是他的辅导。[10.2]
甲006	疑问代词	您要什么茶?　[15.2]
		你怎么去颐和园?　[21.1]
		你知道她在哪个同学家吗?　[8.3]
		哪儿上的?　[35.1]
		这苹果多少钱一斤?　[11.2]
甲007	指示代词	这位是我的男朋友。[2.2]
		这儿有饺子吗?　[7.1]
		这么贵?　[11.4]
甲008	其他代词	有的会说几句汉语，有的一句也不会说。[6.4]
甲009	一般动词	我叫田中顺子。[1.2]
		我找罗乔丹。[10.1]

173

序号	语法点	例句【参见课文练习】
		您来点儿什么？[14.1]
		显得很有风度。[41.2]
甲010	动词重叠	尝尝我做的中国菜。[22.3]
		我想好好儿休息休息。[24.1]
		你想去看看吗？[31.3]
甲011	助动词	我想买一双布鞋。[16.1]
		我要看明天的天气预报。[19.2]
		可能感冒了。[36.2]
		你应该坚持跑步。[27.3]
甲012	一般形容词	真够多的。[6.3]
		我的雨伞是黑（色）的。[3.2]
		这么贵？[11.4]
甲013	形容词重叠	我想好好儿休息休息。[24.1]
		你每天都高高兴兴地回家来。[53.1]
甲014	基数	一共二十五人。[6.2]
		至少二十分钟。[21.4]
甲015	序数	今天是9月28号。[17.2]
甲016	概数	我去过十几次了。[32.1]
		我学汉语半年多了。[45.2]
甲017	分数、百分数	就是降价百分之五。[49.2]
甲018	倍数、小数	听说我的总分比第一名只差零点五分。[54.2]
甲019	名量词	来一只北京烤鸭。[14.2]
		我买三个。[11.3]
		我想买一双布鞋。[16.1]

序号	语法点	例句【参见课文练习】
		小姐，请给我一杯茶。[15.1]
甲 020	名量词重叠	我的芦柑个个甜。[50.2]
甲 021	动量词	她让我把写错的字写二十遍。[53.3]
		请假一次。[36.3]
甲 022	否定副词	她不在家。[8.2]
		我没有时间复习。[13.1]
		别玩儿了！[34.1]
甲 023	时间副词	我常常去逛商店。[18.2]
		早就会背了！[34.4]
		我总是坐错车。[35.3]
甲 024	范围副词	一共二十五人。[6.2]
甲 025	程度副词	她说我太胖了。[15.4]
		我最讨厌考试。[19.3]
甲 026	频率副词	你也是英国人吗？[2.3]
		再要半条鱼吧。[14.3]
甲 027	引出时间、处所、地点的介词	你家离颐和园远吗？[21.3]
		你每天晚上在哪儿吃饭？[22.1]
		我是从外地来的。[45.3]
甲 028	引出方向的介词	往右拐。[20.3]
甲 029	引出对象的介词	我给它买一个笼子。[40.2]
		和上海差不多。[47.2]
		我们跟你们一样，也休七天。[48.1]
		身体健康比什么都重要。[44.3]
甲 030	引出目的、原因的介词	为了减肥，我决定从明天开始不吃早饭。[27.2]

序号	语法点	例句【参见课文练习】
甲031	引出施事或受事的介词	赶紧把屋子收拾一下儿。[52.2]
		下课以后被老师留下了。[53.2]
甲032	表示排除和加合的介词	除了臭豆腐，我都喜欢吃。[23.3]
甲033	连接词和词组的连词	茉莉花茶还是绿茶？[15.3]
甲034	连接分句的连词	要是摔下来怎么办？[32.3]
		好吃是好吃，可是我的肚子对我说：悠着点儿。[42.3]
		长得一般，不过挺讨人喜欢的，而且对我很好。[51.3]
甲035	结构助词	房间的左边是桌子。[4.1]
		你每天都高高兴兴地回家来。[53.1]
		听说你的猴拳打得不错。[37.1]
甲036	动态助词	该吃饭了。[34.2]
		我刚才看见他穿着一身漂亮的西服。[29.1]
		司马台长城你去过吗？[32.2]
		我听流行歌曲呢。[52.1]
甲037	语气助词	喝点儿咖啡吧。[10.3]
		现在转学来得及吗？[28.3]
		你的古诗还没背呢。[34.3]
		哪儿有时间复习呀？[13.3]
		别玩儿了！[34.1]
甲038	其他助词	老师说我的讲演内容、语法、表演等都不错。[54.3]
甲039	叹词	喂！是赵经理家吗？[9.1]
甲040	象声词	你别哇啦哇啦问个没完。[52.4]
甲041	联合词组	烧茄子、家常豆腐、素炒土豆丝，我都爱吃。[23.2]
甲042	偏正词组	我的中国名字叫罗乔丹。[1.3]

序号	语法点	例句【参见课文练习】
		我听说安娜昨天买回一只小狗。[38.1]
甲043	动宾词组	学汉语真不是一件容易的事。[24.4]
		跟朋友一起打网球。[18.3]
甲044	动（形）补词组	听说你的猴拳打得不错。[37.1]
		那只小狗可爱极了。[38.2]
		这么多菜，吃不了。[42.1]
甲045	主谓词组	祝你生日快乐！[17.3]
		我今天早晨起床后感到头晕。[36.1]
甲046	介宾词组	往前走。[20.2]
		你想它愿意住在笼子里吗？[40.3]
甲047	"的"字词组	我是计算机公司的。[9.2]
		我穿27号的。[16.2]
甲048	名词或名词性词组	这儿是日本餐馆。[7.4]
		我的房间里飞进来一只小鸟。[40.1]
甲049	动词词组	去书店怎么走？[20.1]
		照好了。[33.3]
甲050	形容词词组	这双有点儿瘦。[16.3]
		这儿的天气奇怪得很。[26.3]
甲051	名词、代词、数词、名词词组做主语	那只小狗可爱极了。[38.2]
		这双有点儿瘦。[16.3]
甲052	"的"字结构做主语	前天那个和你一起滑冰的是谁？[43.1]
		最重要的是工作。[46.1]
		遗憾的是没有得到第一名。[54.1]
甲053	动词、动词词组做主语	学汉语真不是一件容易的事。[24.4]

序号	语法点	例句【参见课文练习】
甲054	形容词、形容词词组做主语	着急有什么用？[13.2]
甲055	主谓词组做主语	您戴这顶礼帽正合适。[41.1]
		身体健康比什么都重要。[44.3]
甲056	动词、动词词组做谓语	你姐姐在家吗？[8.1]
		那"买一送一"怎么解释？[49.3]
甲057	形容词、形容词词组做谓语	你真可怜！[12.3]
		这芦柑甜吗？[50.1]
甲058	名词、代词、数词或名词词组做谓语	我二十岁。[5.3]
		他身高一米八八。[43.3]
甲059	主谓词组做谓语	最近学习忙吗？[55.1]
		司马台长城你去过吗？[32.2]
甲060	名词、代词、数词或名词词组做宾语	我去百货大楼。[35.2]
		我买三个。[11.3]
甲061	"的"字词组做宾语	我穿27号的。[16.2]
甲062	动词、动词词组做宾语	你要多注意休息。[24.2]
		你应该坚持跑步。[27.3]
甲063	形容词、形容词词组做宾语	我怕热不怕冷。[12.1]
甲064	主谓词组做宾语	你知道她在哪个同学家吗？[8.3]
		我今天早晨起床后感到头晕。[36.1]
甲065	双宾语	请给我一杯茶。[15.1]
甲066	名词、代词、数词或名词词组做定语	我的中国名字叫罗乔丹。[1.3]
		我是他的辅导。[10.2]
		那只小狗可爱极了。[38.2]
甲067	形容词、形容词词组做定语	我刚才看见他穿着一身漂亮的西服。[29.1]

序号	语法点	例句 [参见课文练习]
甲068	动词、动词词组做定语	要复习的内容太多。[24.3]
甲069	主谓词组做定语	我做的菜怎么样？[23.1]
甲070	副词做状语	你最好学太极拳。[37.2]
		我从来不听广播。[39.3]
		那只好请假了。[28.2]
甲071	形容词做状语	我想好好儿休息休息。[24.1]
甲072	名词、代词、数词或名词词组做状语	我们怎么去？[48.3]
		我每天早上七点半起床。[18.1]
甲073	介宾词组做状语	跟朋友一起打网球。[18.3]
		往右拐。[20.3]
		我给它买一个笼子。[40.2]
甲074	动词、动词词组做状语	我要继续练习我的发音。[54.4]
甲075	主谓词组做状语	第二天还要头昏脑涨地去上课。[55.3]
甲076	结果补语	照好了。[33.3]
		她已经送给别人了。[38.3]
甲077	简单趋向补语(动+来/去)	快进来！[39.1]
甲078	趋向补语（动+上/回等）	我听说安娜昨天买回一只小狗。[38.1]
甲079	复合趋向补语	我的房间里飞进来一只小鸟。[40.1]
		我看您就买下来吧。[41.3]
甲080	程度补语	我肚子疼得厉害。[44.1]
		我比您差远了。[45.4]
		这儿的天气奇怪得很。[26.3]
甲081	可能补语	这么多菜，吃不了。[42.1]
甲082	数量补语	我学汉语半年多了。[45.2]

序号	语法点	例句【参见课文练习】
甲083	动量补语	她让我把写错的字写二十遍。[53.3]
		我去过两次了。[32.1]
甲084	主谓句	我的中国名字叫罗乔丹。[1.3]
		我是韩国人。[2.1]
甲085	非主谓句	下雨了。[26.1]
		请给我一杯茶。[15.1]
甲086	陈述句	老师说我的讲演内容、语法、表演等都不错。[54.3]
		我是从外地来的。[45.3]
甲087	疑问句	这是你的雨伞吗？[3.1]
		那"买一送一"怎么解释？[49.3]
甲088	祈使句	别玩儿了！[34.1]
		请给我一杯茶。[15.1]
甲089	感叹句	真漂亮！[25.2]
		你真可怜！[12.3]
甲090	"是"字句	我是韩国人。[2.1]
		房间的左边是桌子。[4.1]
甲091	"有"字句	桌子上面有一个电视机。[4.2]
		我有两个哥哥。[5.2]
甲092	存现句	刚才那边发生了抢劫。[31.2]
		桌子上面有一个电视机。[4.2]
甲093	连动句	我骑自行车去。[21.2]
		快去拿吧！[26.2]
		我没有时间复习。[13.1]
甲094	兼语句	真让人羡慕哇！[29.2]

序号	语法点	例句 [参见课文练习]
		中午我请你吃饭。[30.2]
		待会儿有客人来。[52.3]
甲 095	"是……的"句	你是什么时候开始学汉语的？[45.1]
		我是从外地来的。[45.3]
甲 096	被动句	下课以后被老师留下了。[53.2]
甲 097	比较句	你表弟比你高。[43.2]
		我们跟你们一样，也休七天。[48.1]
甲 098	"把"字句	赶紧把屋子收拾一下儿。[52.2]
甲 099	用语气助词"吗"提问	你姐姐在家吗？[8.1]
		你有兄弟姐妹吗？[5.1]
甲 100	用"好吗"、"可以吗"等提问	帮我们照一张相，好吗？[33.2]
		一起照张相，可以吗？[33.1]
甲 101	用语气助词"吧"提问	你不是北方人吧？[47.1]
甲 102	用疑问语调表示疑问	又是去吃麦当劳？[30.3]
甲 103	用疑问代词提问	你的班有多少学生？[6.1]
		他什么时候回来？[9.3]
		你的房间夏天没有空调怎么办？[12.2]
		我的运气怎么那么不好？[25.3]
		前天那个和你一起滑冰的是谁？[43.1]
		哪儿上的？[35.1]
甲 104	用"疑问代词的问句+呢"提问	什么叫"九五折"呢？[49.1]
甲 105	用肯定与否定形式相叠提问	有没有包子？[7.2]
		这儿的菜很好吃，是不是？[42.2]

181

序号	语法点	例句【参见课文练习】
甲106	用"肯定形式+没有"提问	有馄饨没有？[7.3]
甲107	用疑问副词"多"提问	他有多高？[51.2]
甲108	用语气助词"呢"提问	你的雨衣呢？[39.2]
甲109	用"(是)……还是"提问	茉莉花茶还是绿茶？[15.3]
甲110	年、月、日、星期表示法	今天是星期日。[17.2] 今天是9月28号。[17.2]
甲111	钟点表示法	现在十二点十分。[17.1]
甲112	钱数表示法	一斤半，三块七毛五（分）。[11.1]
甲113	号码表示法	我穿27号的。[16.2]
甲114	反问句	哪儿有漂亮姑娘学猴拳的？[37.3] 你不是一直想去青岛吗？[48.2]
甲115	连……也（都）……	怎么连我都不告诉？[51.1]
甲116	完成态	我买了一件衣服。[25.1]
甲117	变化态	我最近越来越胖了。[27.1] 圣诞节快到了。[28.1]
甲118	持续态	马路边围着那么多人。[31.1] 我刚才看见他穿着一身漂亮的西服。[29.1]
甲119	进行态	她正在休息。[30.1] 我听流行歌曲呢。[52.1]
甲120	经历态	我去过两次了。[32.1]
甲121	并列复句	吃方便面又省事又不用洗碗。[46.3]
甲122	承接复句	你可以先尝后买。[50.3]
甲123	递进复句	长得一般，不过挺讨人喜欢的，而且对我很好。[51.3]

序号	语法点	例句【参见课文练习】
甲 124	因果复句	日本的消费水平很高，总觉得钱不够花，所以我开始打工。[55.2]
甲 125	选择复句	你说暑假去好呢，还是寒假去好？[47.3]
甲 126	转折复句	好吃是好吃，可是我的肚子对我说：悠着点儿。[42.3]
甲 127	假设复句	要是摔下来怎么办？[32.3]
甲 128	紧缩复句 (1)	上课不能迟到。[55.4]
甲 129	紧缩复句 (2)	我一见羊肉串儿就吃个没够。[44.2]